Você merece uma Segunda Chance

CÉSAR SOUZA

Autor do best-seller *Você é do tamanho dos seus sonhos*

Você merece uma Segunda Chance

Como virar o jogo a seu favor
no trabalho, em casa e na vida pessoal

AGIR

Editora Nova Fronteira Participações S.A.
Rua Nova Jerusalém, 345 — Bonsucesso — 21042-235
Rio de Janeiro — RJ — Brasil
Tel.: (21) 3882-8200 — Fax: (21) 3882-8212/8313

CIP-Brasil. Catalogação na fonte.
Sindicato Nacional dos Editores de Livros, RJ.

S714v Souza, César
Você merece uma Segunda Chance: como virar o jogo a seu favor no trabalho, em casa e na vida pessoal / César Souza. — Rio de Janeiro: Agir, 2012.
216p.: 23cm

ISBN 978-85-220-1406-4

1. Sucesso. 2. Autorrealização. 3. Motivação. I. Título.

CDD: 158.1
CDU: 159.947

Para **Yasmim**,
que nasceu na semana
em que comecei a escrever a
introdução deste livro.

E para **Cris**,
coautora das nossas
próximas chances.

Agradecimentos

Aos inúmeros leitores dos meus livros, aos participantes das minhas palestras e aos clientes da Empreenda Consultoria. Vocês confirmam a cada dia que todo ser humano é grandioso pela capacidade de se reinventar.

Agradecimento especial à jornalista Cristina Nabuco, fiel escudeira do meu artesanato intelectual, que ajudou a tornar possível este livro.

Roteiro

Introdução

A coragem de lutar pela Segunda Chance

A vida se compõe de uma sucessão de etapas. A maioria das pessoas, no entanto, acaba se esquecendo disso e repete automaticamente a velha fórmula, como se a jornada tivesse um único tempo; como se a existência se resumisse a um só ato, marcado por um roteiro rígido que nos leva a insistir em atitudes conhecidas para não corrermos o risco de cometer novos erros. E, assim, muitas de nossas escolhas recaem em soluções desgastadas, em rituais que nos fazem desperdiçar oportunidades e um tempo precioso.

O fato, porém, é que podemos ter mais de uma chance no trabalho, no amor, na escola, na família, na saúde, na qualidade de vida, na realização financeira e na cidadania. Cada um de nós pode ter tantas "vidas" quantas estiver disposto a viver.

Precisamos acreditar na capacidade de mudar e de criar a Segunda Chance. É o que nos mostram os relatos de pessoas de sucesso e empresas vencedoras que assumiram as rédeas de sua história. Em vez de confiar sua trajetória ao destino, souberam perceber alternativas e construir um novo momento em suas vidas. Tiveram a coragem de tomar decisões e implantar as ações que transformaram a própria realidade. Fizeram acontecer. Renasceram!

A designer de bijuterias Francesca Romana Diana recomeçou tudo praticamente do zero após perder o controle sobre sua empresa e sobre sua marca.

Em 1986, apaixonada pelas pedras preciosas e pela informalidade que descobrira no Brasil, ela resolveu fechar o seu ateliê em Roma e se mudar para cá. Foi um sucesso quase instantâneo. Inaugurou lojas próprias no Rio, em São Paulo e até em Lisboa. Abriu uma franquia com seu nome, que passou a ser uma marca respeitada — a Francesca Romana. Seus produtos começaram a ser disputados por uma clientela famosa nas principais capitais. Enquanto zelava pela criação das peças, o seu marido cuidava da administração do empreendimento. Eram sócios, inclusive, nos direitos sobre o uso da marca.

Em 2004, com o fim do casamento, iniciou-se o drama no negócio. Francesca teve que recomeçar mais uma vez. Sem capital e sem poder usar a marca que levava seu nome, pois esta já tinha sido negociada com 23 franqueados espalhados pelo Brasil, passou a usar a sua assinatura completa, Francesca Romana Diana, como nova marca. Abriu lojas em shoppings de São Paulo, Brasília e Salvador.

Aos 49 anos, ela foi categórica ao afirmar: "Tenho exatamente a mesma energia de quando cruzei o oceano para me estabelecer no Brasil. Estou pronta para começar tudo de novo."[1]

Quem também teve uma nova chance foi Gilberto Giuzo. Aos 24 anos, após terminar o segundo ano do ITA (Instituto Tecnológico da Aeronáutica), em São José dos Campos, considerada a melhor escola de engenharia do Brasil, ele venceu a disputa com seis mil candidatos para ganhar uma das 38 bolsas de estudos concedidas para jovens promissores pela Fundação Estudar. "Ele vai longe", avaliou a psicóloga Bruna Dias, da conceituada Companhia de Talentos, consultoria de RH especializada em orientação de carreira, na reportagem de capa publicada na revista *Época*.[2]

Para chegar lá, desde garoto Gilberto teve de superar vários obstáculos. Filho do meio entre duas irmãs, Gilberto passou a maior parte de sua vida em Nova Bandeirantes, um município de 13 mil habitantes no estado de Mato Grosso. Trabalhava na roça, ajudava os pais a cuidar de cavalos e gado. Foi para a escola rural aos seis anos. Diariamente percorria de bicicleta uma distância de 12 quilômetros de ida e volta. "As pessoas na região achavam que estudar era um jeito de fazer corpo mole e evitar o trabalho", disse na entrevista concedida para a mesma reportagem.

Gilberto parou de estudar no meio da oitava série, aos 14 anos. Voltou um ano depois, terminou o ensino fundamental, parou de novo. Mas, ao perceber que ali, no sítio, "as pessoas faziam a mesma coisa havia trinta anos", revolveu persistir. Em 2002 iniciou o ensino médio. Andava cinquenta quilômetros de ônibus para estudar à noite. Levantava às 6h30, trabalhava na roça e só voltava para casa depois da meia-noite. Vivia cansado. Como o sítio não tinha luz elétrica, era obrigado a fazer os deveres de casa à luz de velas.

Então decidiu prestar os exames supletivos. Fez as provas e passou. Resolveu se preparar para o vestibular, fazendo cursinho. Seu sonho era o ITA, porque "havia salário e alojamento". Mas sabia que a prova para preencher as 120 vagas anuais é a mais difícil do Brasil.

No primeiro simulado do cursinho, Gilberto tirou a melhor nota entre os 220 alunos. Espantado, Eliel Silva, dono do cursinho Elite e egresso do ITA, foi procurá-lo com a oferta de uma bolsa integral na turma preparatória, mas exigiu dedicação integral. Nesse momento, sua tia Idalina (servente em uma escola pública, casada com um frentista e mãe de três filhos) fez a sua parte: disse a ele para estudar sem a preocupação de trabalhar. Gilberto agarrou a chance, estudando das sete da manhã às onze da noite.

Foi um sucesso. Gilberto passou em primeiro lugar no vestibular para engenharia na USP, em São Carlos, e para engenharia elétrica na Unicamp, além de ter sido aprovado no Instituto Militar de Engenharia (IME) e no ITA.

Apesar da oposição da família — sua mãe, dona Manuelina, chegou a confessar que se arrependia de ter sido contra os estudos do filho — e das circunstâncias geográficas adversas, Gilberto nunca desistiu. Construiu uma oportunidade para uma vida diferente da que ele conhecia graças a sua disposição de enfrentar desafios, que pode ser traduzida por um conjunto de atitudes típicas dos vencedores: persistência, foco, concentração, motivação interna, iniciativa, autoconfiança e determinação para assumir as rédeas do seu destino.

Perseverança e determinação também são características marcantes de Hélia de Souza Pinto, ex-levantadora da seleção brasileira feminina de vôlei conhecida como Fofão. Aos 38 anos, após participar quatro vezes das olimpíadas, ela sabia que sua última chance de conquistar a inédita medalha de ouro olímpica nesse esporte estava em Pequim, na China, em 2008.

Fofão começou sua maratona em 1992, em Barcelona, Espanha, quando a seleção ficou em quarto lugar e sem nenhuma medalha. Conquistou o bronze em duas oportunidades — em 1996, em Atlanta, Estados Unidos, e em 2000, nos jogos de Sidney, Austrália. Teve nova decepção em 2004, em Atenas, Grécia, onde a equipe não passou do quarto lugar.

Naquele seu jogo de despedida da seleção em Pequim, sua responsabilidade era dupla, pois também exercia o papel de capitã da equipe comandada pelo técnico José Roberto Guimarães.

Assim, Fofão estava às voltas, não com a segunda, mas com sua quinta chance. Perseverou, lutou, superou-se e conseguiu o tão desejado ouro. "A olimpíada foi uma conquista pessoal. Essa é a imagem que eu queria deixar", revelou em uma reportagem que a apontou como uma das Maiores Personalidades do Ano.[3]

Seu exemplo deve servir de estímulo, não apenas aos esportistas, mas também aos profissionais de diferentes especialidades que ficam pelo caminho e abandonam o barco na segunda ou terceira tentativa.

Virando o jogo a seu favor: pessoas e empresas

Não são apenas as pessoas que se reinventam. Instituições, empresas e marcas também podem provocar uma reviravolta e reconstruir seu futuro. As sandálias Havaianas constituem um típico exemplo de uma virada marcante no campo empresarial. Quando foram lançadas, em 1962, a própria fabricante as definia como "a mais simples resposta à necessidade de proteger os pés". Era o que se podia chamar de um produto bom e barato. Seu famoso slogan resumia suas qualidades de forma pragmática: "Não deforma, não solta a tira, não tem cheiro."

Quarenta anos depois, a marca Havaianas começou a se tornar uma das grifes brasileiras mais valorizadas no exterior. Está nas prateleiras de lojas chiques de departamentos como a Saks, de Nova York, as Galleries Lafayette, de Paris, e até nas vitrines da badalada Via Spiga, em Milão, ao lado de criações da Dior e da Prada. E as sandálias têm sido vistas nos pés de celebridades mundiais. Atualmente, a Alpargatas, dona da marca Havaianas, fabrica mais de cinco pares por segundo, ou seja, produz mais de cem milhões de pares por ano.

Antes de conquistar um lugar no cenário da moda internacional, a Alpargatas viu as vendas deste produto despencarem. Vinham em ritmo de crescimento até o ano de 1988, quando alcançaram um volume significativo, mas dali em diante entraram em queda livre. Foi preciso revitalizar a marca. A sandália tinha forte apelo entre as classes D e E, enquanto o concorrente Rider liderava nas classes B e C. Mas nenhum deles procurava atrair a classe A.

A empresa decidiu então investir para que o consumidor identificasse o produto menos pelo seu valor utilitário e mais pelo seu valor emocional e participar de eventos de moda. Em 1994, lançou as Havaianas Top, com a intenção de conferir certo glamour à marca.

A virada se tornou notável quando a Alpargatas decidiu posicionar a marca Havaianas, *made in Brazil*, no mercado externo. Entre 2001 e 2004, uma equipe da empresa passou a percorrer os cinco continentes para apresentar as sandálias brasileiras mundo afora. Focou na criação de uma eficaz rede de distribuição, privilegiando os que estavam dispostos a lutar para vender a marca no exterior. Evitou a publicidade de massa e apoiou iniciativas como a da distribuidora americana, que teve a ideia de presentear os indicados ao Oscar 2003 com o chinelo brasileiro. Foi essa distribuidora que sugeriu um modelo mais sofisticado, decorado com os cristais austríacos Swarovski, e contatou os agentes dos 61 indicados ao prêmio máximo do cinema para saber a exata dimensão dos pés de cada uma das celebridades. Como consequência, a marca ganhou espaço espontaneamente na mídia internacional e penetrou nos melhores e mais refinados pontos de venda do mundo. A receita gerada pela exportação do produto quadruplicou.

Desde meados de 2003 sob a liderança de Márcio Utsch, essa história de sucesso tem se consolidado com cifras impressionantes.[4] A Alpargatas chegou a exportar para mais de oitenta países do mundo, e a empresa passou a apresentar desempenho recorde e um crescimento marcante nas vendas, enquanto a receita média das indústrias de calçados nacionais andava em sentido contrário. Para celebrar seus cinquenta anos, as Havaianas lançaram uma edição limitada de uma sandália especial e 100% da renda foi revertida para projetos do Unicef no Brasil, em favor da infância e da adolescência.[5]

Várias outras empresas que operam no Brasil, como a Embraer, a Nestlé, a Ticket, o Itaú-Unibanco e a GPO Engenharia, que pertence ao grupo Solví, são exemplos recentes de viradas em direção a um novo patamar. Essas empresas escreveram um novo capítulo em suas histórias e passaram a desfrutar de um elevado grau de sucesso.

A ousadia de se reinventar

O que têm em comum personagens tão diferentes quanto uma designer de bijuterias que enfrentou uma separação litigiosa, um jovem que escolheu um futuro diferente, uma jogadora de vôlei determinada a encerrar sua carreira com a medalha de ouro olímpica e sandálias que eram populares e se tornaram um acessório cobiçado? A coragem de recriar a sua realidade!

Os três primeiros sobressaíram por serem realizadores de sonhos e não apenas colecionadores de planos. Eles não se limitaram a mudar depois de serem atingidos por problemas insuperáveis. Perceberam que era necessário criar a próxima chance. Compreenderam as circunstâncias, acreditaram em si, cavaram a oportunidade, tiveram a coragem de tomar decisões difíceis e implantaram ações para atingir o próximo patamar. Desse modo, escreveram um novo capítulo na trajetória das suas vidas. Foi também com essas características que os dirigentes responsáveis possibilitaram a virada das Havaianas.

Muitas pessoas, asfixiadas pela rotina, contas a pagar, compromissos assumidos e outras tantas dificuldades cotidianas, vão ficando a cada dia mais angustiadas pela frustração diante da enorme distância que separa seus sonhos da realidade.

Como criar a Segunda Chance no trabalho, em casa, na escola ou na vida pessoal?

Como enfrentar a hora da verdade?

Como fazer acontecer? Como transformar sonhos em realidade?

O verdadeiro segredo de quem inicia uma vida nova não são apenas fatores circunstanciais, extrínsecos. Nem se trata de uma questão meramente técnica. Reside em algo qualitativo, invisível, intrínseco, um conjunto de atitudes, uma forma de pensar e agir que permite às pessoas alargarem a capacidade de fazer escolhas e às empresas alavancarem as competências que as levarão ao sucesso. Essas atitudes as libertam das amarras que as aprisionam a uma visão condicionada, parcial e equivocada de suas prioridades. Trazem de volta o foco para o que é realmente importante.

Essas pessoas conseguem superar as cicatrizes e influências que os acontecimentos imprimem em sua história. Boas ou más, as lembranças do nosso acervo pessoal podem ser consultadas como um velho álbum de fotografias — o primeiro beijo, o primeiro emprego, a primeira casa, o primeiro nó na gravata, o primeiro sutiã, assim como também nossos fracassos, mágoas, medos e traumas. Todos esses momentos ficam guardados na nossa memória porque são carregados de emoção. O grande risco é se tornarem uma corrente que nos prende ao passado.

Você merece uma Segunda Chance pretende estimular pessoas e empresas a criarem circunstâncias favoráveis, tomarem decisões corajosas e produzirem ações que as direcionem ao próximo patamar de suas histórias, em vez de ficarem esperando que situações inesperadas ou indesejadas as forcem a mudar, quando não tiver mais jeito...

Este livro foi escrito para aqueles que pensam em largar o trabalho que já não os motiva mais para fazer algo completamente diferente, ou pelo menos mudar de ares ou de chefe; para o executivo quarentão que não suporta mais cada dia sem conseguir dedicar tempo à família nem obter o mínimo equilíbrio nas diferentes dimensões da vida; para a mulher que desistiu de ser apenas a esposa do senhor fulano de tal e decidiu exercer uma profissão ou abraçar uma causa social; para o gerente que deseja deixar de ser empregado e se tornar microempresário; para a lojista que sonha em investir num pequeno restaurante; para o casal infeliz no casamento; para a jovem estudante que ambiciona seguir uma carreira internacional; para a profissional insatisfeita com seu dia a dia, que pretende voltar a estudar para mudar de área; para o aposentado inquieto que não se conforma com o pijama e vai montar a carpintaria dos seus sonhos; para aqueles que, em busca do sucesso fácil, cometeram deslizes dos quais se arrependem profundamente; para os jovens que não conseguem se livrar de certos vícios. Enfim, para quem investiu na profissão, no amor ou em um projeto que não deu certo. Para quem não aguenta mais a vida que está levando e precisa de coragem para iniciar seu momento de virada.

Mais importante do que a circunstância que provoca a infelicidade na vida de alguém é sua atitude frente a esse fato. Os vencedores criam os momentos que permitem reinventar o futuro: trocam de emprego ou de cargo dentro da mesma empresa; montam o próprio negócio; mudam de carreira para constituir família e educar um filho; procuram um companheiro em vez de ficarem sozinhos para o resto da vida; largam a faculdade imposta pelos pais e transformam seu hobby num negócio; mudam de cidade; afastam-se de pessoas invejosas e pessimistas; buscam auxílio para superar suas dificuldades.

O livro também se dirige às empresas que precisam se reinventar, sob pena de não sobreviverem. O novo patamar pode significar conquistar novos tipos de clientes; inventar um novo modelo de negócios; passar a exportar em vez de apenas atender ao mercado doméstico. Para chegar lá, as empresas podem criar inúmeras saídas: obter nova tecnologia; atrair um novo sócio; adquirir outra empresa; abandonar uma linha de produtos; mudar sua sede de cidade; diversificar os negócios; alterar a forma de se relacionar com seus clientes, investir na comunidade etc.

Mas não espere um manual de "soluções fáceis". Prepare-se para se defrontar com o desconforto de provocações, em vez da leitura tranquila de um receituário de ações e conselhos ditando o que fazer para ser mais feliz. A proposta do livro é estimular sua reflexão sobre o que realmente faz a diferença no momento de criar a Segunda Chance — a hora da verdade que tem um impacto transformador na vida das pessoas e das empresas.

Em alguns momentos, inspirei-me na obra *O momento da sua virada*,[6] que escrevi em 2004, da qual tomo de empréstimo alguns casos e histórias de pessoas e empresas que continuam se provando pertinentes e exemplares. Mas fique tranquilo, porque esta obra que você tem em mãos vai muito além da anterior: aprofunda a reflexão e oferece ideias muito mais práticas e oportunas.

A ousadia de me reinventar

Embora o grande dramaturgo inglês William Shakespeare tenha afirmado que o ser humano tem "sete atos", "sete idades", e a sabedoria popular mencione "sete vidas", não proponho esse número cabalístico. Toda pessoa pode ter tantas chances quantas estiver disposta a viver.

Ao longo da minha trajetória, já contabilizei diversos momentos mágicos que abriram novas possibilidades para a minha vida. Por exemplo, mudei de carreira três vezes dentro da mesma empresa: (1) troquei de área de atuação, de diretor de Recursos Humanos para diretor de Planejamento Estratégico; (2) assumi o papel de diretor de Desenvolvimento de Novos Negócios; e (3) iniciei uma carreira internacional, durante a qual atuei em diversos países da América Latina e da África, mudei de residência, saindo do Brasil para trabalhar primeiro em Portugal e, logo depois, para viabilizar a implementação da empresa nos Estados Unidos.

Não foram fatos isolados. A primeira grande virada na minha vida aconteceu quando eu tinha apenas nove anos. Morava com meus pais na rua Quinta dos Lázaros, em um bairro humilde de Salvador. Empinador de pipas de mão cheia, por meio deste inocente divertimento senti a primeira chama do empreendedorismo acender em minha alma e percebi a oportunidade de criar um novo futuro para mim e para a minha família.

Cansado de ver todas as pipas serem feitas em apenas uma cor, resolvi inovar e produzi o que pode ter sido a primeira pipa colorida na Salvador dos anos 1960 — azul, vermelha, verde e amarela. O sucesso foi tão grande que os meninos da rua onde eu morava não se cansavam de tentar "cortar" e se apoderar da minha pipa. Concluí que se levasse outras pipas além das que eu empinaria, poderia vendê-las aos vizinhos. Assim, ganhei meu primeiro dinheiro em 1961, antes de completar dez anos. Mas perdi a inocência: deixei de ser um empinador e me transformei em um fabricante e vendedor de pipas. Cheguei a produzir e vender dezenas de pipas coloridas em algumas tardes.

Com a poupança advinda do negócio das pipas pude pagar, em 1963, um cursinho particular para concorrer ao exame de admissão para o Colégio de Aplicação, sonho que acalentava havia tempo, mas achava distante devido às condições econômicas precárias da minha família. Consegui passar de primeira e ingressei num ambiente que marcou a minha vida. Os professores vinham da faculdade de filosofia da Universidade Federal da Bahia, onde o reitor, Edgard Santos, promovia uma reforma sem precedentes, que gerou uma efervescência cultural inusitada em Salvador. O movimento tropicalista, o Cinema Novo e várias manifestações no campo das artes são frutos desse momento peculiar que me deu "régua e compasso" para compreender o mundo e querer transformá-lo.

Resolvi cursar administração naquela universidade. Ingressei em 1970. Dois anos mais tarde, eu andava pelo pátio da faculdade de administração quando vi, por uma janela aberta, os professores reunidos numa sala. Eles ouviam uma palestra dada em inglês por um convidado. Não entendi metade do que ele dizia, mas fiquei impressionado com a forma como se comunicava e com as reações da plateia. O saudoso diretor José Osório Reis e o professor Fabrício Soares me explicaram depois que se tratava do famoso Igor Ansoff, reitor da Universidade Vanderbilt e criador do conceito de Estratégia Empresarial, algo incipiente na época. Achei aquelas ideias fantásticas e decidi que Ansoff seria o meu mentor.

Só que, para fazer um mestrado naquela universidade americana, eu precisava dominar o inglês. Foi então que decidi vender o meu fusquinha, comprado naquele ano em sessenta prestações mensais. Com o dinheiro, viabilizei minha ida para Alamosa, cidade do interior do Colorado, nos Estados Unidos, onde fiquei durante três meses, morando na casa de uma família que participava de um programa de intercâmbio.

Hoje percebo que troquei um carro, que me levava pela cidade, por um veículo, o idioma, que me levou para o mundo. É preciso perceber as portas que se abrem, quando menos se espera, em nossa vida. No meu caso, não foi apenas uma porta que abriu, foi literalmente uma estrada para um mundo novo.

Sempre acreditei nesses momentos mágicos, e que é possível criar não uma, mas diversas alternativas para renascer e viver diferentes *scripts*.

Aconteceu novamente na virada do ano de 1999 para 2000, quando mudei de profissão. Tive a coragem de deixar uma bem-sucedida e confortável carreira de executivo internacional de uma das poucas multinacionais genuinamente brasileiras para criar uma nova vida como consultor, palestrante e escritor. E assim tenho podido ajudar diversas empresas a transformarem seus modelos de negócios, aperfeiçoarem seus métodos de gestão e desenvolverem o potencial de seus líderes.

Fiz isso também na minha vida familiar e afetiva. Casei-me novamente e, aos 57 anos, tive a felicidade de ser pai pela terceira vez —

Thomas, Julia e agora também a Yasmim são as fontes de inspiração para meus compromissos com o futuro. Decidi fazer uma virada no meu mundo mais íntimo, promovendo mudanças radicais em meu estilo de vida para vencer o que parecia a progressão inexorável do diabetes tipo II, um distúrbio que se adquire em função de estresse, hábitos alimentares inadequados e sedentarismo em que vivia. Reinventei-me várias vezes em diversos campos. Renasci!

Sempre me lembro das palavras carinhosas de um querido amigo: "César, você tem uma enorme capacidade de reinventar sua vida e sua carreira. Quando todos pensam que você já faz parte de certa paisagem, você reaparece no cenário seguinte."

No momento, inicio mais uma etapa, na certeza de que esta ainda não será a última: ajudar a formar uma nova geração de líderes empresariais e prepará-los para atender às novas exigências do mundo corporativo. As velhas práticas de gestão não respondem mais aos desafios atuais. É preciso iniciar uma nova era do Management. Estou empenhado em contribuir para mudar a forma de pensar e criar o que poderá vir a ser o "movimento" do NeoManagement, que tomará a forma de um NeoInstituto, inspirador de um novo tipo de líderes e de modelos de negócios diferenciados.

O momento é propício para pessoas e empresas se reinventarem, virarem a página, voltarem-se em direção a outro patamar, com maior chance de sucesso por maximizarem o seu potencial.

Receba este livro como o estímulo que faltava para criar, na sua vida, a Segunda Chance pela qual você tanto esperava.

César Souza (cesarsouza@empreenda.net)

Capítulo 1

Identifique a oportunidade

"Quem espera
~~sempre~~ ***nunca***
alcança."

Aquela sequência previsível que durante décadas determinou o roteiro da vida das pessoas perdeu a validade. Os fatos já não respeitam mais a antiga ordem, nem o enredo predeterminado. Daí a necessidade de questionar os velhos modelos. Os mapas convencionais que temos na cabeça podem nos manter acorrentados a formas ultrapassadas de pensar.

No clássico *Passagens*, de 1977, que foi traduzido em 28 idiomas e eleito um dos "dez livros mais influentes do nosso tempo" pela Biblioteca do Congresso dos Estados Unidos, a jornalista norte-americana Gail Sheehy dividia a vida em estágios baseados nas idades cronológicas. Na faixa dos vinte anos, o ser humano idealiza o seu futuro, procura um parceiro, deixa a casa paterna, inicia uma profissão. Aos trinta, está em plena atividade profissional. Aos quarenta, revisa sonhos e tem oportunidade de mudar sua história. Aos cinquenta, inicia-se a melhor época para quem se dispõe a encontrar novos propósitos de vida.[1]

O que a autora não destacou é que o sucesso profissional era buscado numa mesma empresa que garantisse a estabilidade no trabalho e o sustento dos filhos. Em troca, a vida era dedicada a uma progressão linear: de auxiliar de escritório para encarregado de contas a pagar, chefe de setor financeiro, gerente de departamento e, quem sabe, um dia, diretor da empresa, já no final da carreira. A etapa dos cinquenta anos era considerada propícia para abandonar estereótipos e encontrar novos propósitos pela proximidade da aposentadoria. Mas não se faziam planos para os sessenta, setenta, oitenta anos. A velhice era um terreno nebuloso associado à decadência física e mental.

Era comum ouvir pais, tios, vizinhos e amigos cinquentões fazendo o seu balanço: "Pronto, cumpri minha missão: construí uma carreira e uma família, eduquei e casei os filhos, todos estão encaminhados na vida... Agora posso descansar em paz!" Embora limitado e um pouco triste, esse foi o ideal de vida de muita gente, por muito tempo.

Só que o mundo mudou. E muito. Em 1996, Gail Sheehy atualizou a linha do tempo na vida de uma pessoa. No livro *Novas passagens* apontou os 45 anos como um momento decisivo, um verdadeiro ponto de mutação.[2] A partir daí, a pessoa pode desabrochar para uma segunda vida adulta. Sheehy nomeou o estágio que vai dos 45 aos 65 anos de *Idade do Saber*, e o dos 65 aos 85 anos de *Idade da Integridade*, e relacionou várias pessoas que brilharam nessa última fase, como os políticos George Washington e Winston Churchill e os pintores Pablo Picasso e Henri Matisse, só para citar alguns exemplos célebres.

Hoje, no entanto, está surgindo uma nova configuração social. Diversos estágios passaram por alterações — não apenas os últimos. Ocorre mais uma revolução nos ciclos da vida. Segundo a antropóloga brasileira Guita Debert, professora da Unicamp, está havendo um "embaçamento entre as fronteiras que separavam as idades".[3] Com isso, a idade cronológica deixa de ser tão relevante e contam mais os papéis sociais que as pessoas desempenham.

A estudiosa cita vários fenômenos indicativos da erosão das linhas divisórias entre as idades:

- A ampliação para até os 24 anos da faixa etária considerada jovem nas pesquisas demográficas brasileiras;
- O número crescente de "*kidults*" (derivado de duas palavras do idioma inglês, *kids*, que significa crianças, e *adults*, adultos), um conceito criado pelo sociólogo inglês Frank Furedi para designar os adultos entre vinte e 35 anos de idade que não abandonam a casa dos pais ou voltam a morar com eles. Na Inglaterra, quase um terço dos homens da faixa etária citada divide o teto com os pais, de acordo com a edição de 2002 da *Social Trends*. Em 1977, a proporção era de um em cada quatro. Nos Estados Unidos, essa parcela da população vem crescendo e já representa 38% dos jovens adultos solteiros;
- O "peterpandemônio" (inspirado na síndrome de Peter Pan), termo cunhado por dois publicitários norte-americanos para caracterizar as pessoas na casa dos vinte aos trinta anos que buscam produtos que proporcionem um retorno à infância, fase da vida considerada mais inocente e feliz. Um sinal dessa "infantilização" é a grande audiência, na faixa entre 18 e 34 anos, da rede Cartoon Network, originalmente dirigida a crianças;
- O surgimento dos "adultescentes" (adultos adolescentes), pessoas de 35 a 45 anos que se consideram na vanguarda da cultura jovem e querem parecer mais jovens. Uma pesquisa do final dos anos 1990 concluiu que 42% do público masculino e 40% do feminino de uma famosa marca de moda jovem, a Fórum, tinham mais de trinta anos, e 8% dos entrevistados preferiram não declarar a idade;[4]

- O desdobramento dos grupos mais velhos da população em três segmentos: meia-idade, aposentadoria ativa e terceira idade. A aposentadoria deixa de ser vista como momento de descanso e recolhimento para se tornar um período de atividade e lazer, de realizar sonhos engavetados em outras etapas da vida.

De minha parte gostaria de acrescentar mais alguns fenômenos que observo com facilidade no dia a dia:

- O encurtamento da infância: crianças adquirindo hábitos de adultos cada vez mais cedo e a puberdade se antecipando;
- O alongamento da adolescência, que não só leva jovens adultos a morarem mais tempo com os pais, como também posterga outros eventos: os adultos se casam mais tarde, adiam a maternidade e têm menos filhos;
- O aumento da longevidade, com o aumento da expectativa de vida. Esta mudança é tão importante que pretendo discorrer mais a respeito ainda neste capítulo.

Os problemas enfrentados não mudaram tanto assim: escolha errada da faculdade ou da profissão, gravidez precoce, casamento infeliz, estresse profissional, dificuldade para engravidar, insatisfação no trabalho, dependência de drogas, insucesso financeiro, divórcio, traição (conjugal ou do sócio), problemas de saúde, aposentadoria compulsória.

Porém, se antes alguns problemas eram exclusivos de certa faixa etária, agora podem ser vividos em outra etapa. Uma coisa é ser pai aos trinta anos, outra é isso ocorrer aos sessenta. Assim, não basta saber em que fase cronológica do ciclo da vida você está. O mais relevante é perguntar: que papel estou representando neste momento? Isso determina o tipo de desafio que você encontra e contribui para identificar a oportunidade.

Pode acreditar, as oportunidades existem! O aumento da expectativa de vida, por si só, já oferece a possibilidade de criar a Segunda Chance no trabalho, em casa e na vida pessoal. Mas a ela vem se somar outra circunstância favorável: o fato de viver em um momento peculiar (alguns diriam até inusitado) da história da humanidade.

Vamos analisar neste capítulo como a combinação dessas variáveis pode ajudar você a identificar a oportunidade de virar o jogo a seu favor e construir o novo tempo de sua vida.

O presente especial: vinte anos a mais de vida

"A vida começa aos quarenta", gostava de dizer meu pai, que nasceu em 1926, quando a expectativa média de vida do brasileiro girava em torno de 35 anos. Lembro-me bem de ter ouvido esse comentário dele, na forma de brincadeira, no dia em que completei 18 anos. Comemorava, então, o início da idade adulta, no início da década de 1970, tempo em que uma pessoa de cinquenta anos já era considerada idosa.

Quando nasci, em 1952, a expectativa média de vida dos brasileiros era de mais ou menos 44 anos. Para os homens, sempre foi alguns anos a menos do que para as mulheres. E quem nascia no Sudeste do país vivia mais do que pessoas como eu, nascidas no Nordeste. Então, fazendo as contas, era para eu ter vivido até 1996, mais ou menos. Foi o ano em que nasceram meus queridos gêmeos, o Thomas e a Julia!

Não preciso me beliscar para perceber que continuo vivo e já ultrapassei bem o que poderia ser chamado do meu "prazo de validade". E, 13 anos depois, em 2009, já aos 57 anos, tive a felicidade de cortar o cordão umbilical da Yasmim, minha caçula.

O que aconteceu de lá para cá?

O tempo de vida do brasileiro aumentou de maneira espantosa. Quem veio ao mundo nos anos 1960 vivia, em média, 54 anos. Na década seguinte, esse número pulou para 58 anos. No início dos anos 1980, o salto foi maior: subiu para 63 anos. Até chegar à situação atual, em que a expectativa de vida do brasileiro gira em torno de 73 anos.

Daí podemos esperar que um número significativo de pessoas da geração dos meus filhos venha a celebrar o seu centenário. Ou seja, será regra em um futuro muito próximo o que hoje ainda é exceção: soprar as cem velinhas de aniversário, como fizeram o arquiteto Oscar Niemeyer, que projetou a cidade de Brasília para ser a nova capital federal, e dona Canô, a reverenciada mãe de Caetano Veloso e de Maria Betânia, apenas para citar duas personalidades conhecidas.

De forma diferente do que afirmava meu pai, atualmente digo aos meus filhos que "a vida começa aos sessenta", pois só se considera idoso nos dias de hoje quem já ultrapassou os oitenta anos.

Essa mudança de discurso representa o mais valioso presente que nós podemos receber no dia de nossos aniversários: os vinte anos a mais de vida que ganhamos nas últimas décadas, fruto do progresso das ciências médicas, da tecnologia, da mudança de comportamento e do desenvolvimento da humanidade.

A expectativa de desfrutar desse tempo extra é um presente enorme, que deve ser valorizado. E, como se não bastasse, além de viver mais, é possível viver melhor e ser jovial por mais tempo.

Ganhamos uma "sobrevida" útil tanto para trabalhar quanto para a nossa vida pessoal, sentimental e espiritual. Uma chance de iniciar um novo ato, fazer coisas diferentes. Um presente que pode virar um grande abacaxi para quem não souber aproveitar esse tempo extra e se deixar consumir pela monotonia, a falta de perspectiva, a chatice, a doença.

Um exemplo fantástico de que a Segunda Chance não tem idade é o de Branca Carvalho, ou melhor, dona Branquinha, como gosta de ser chamada. Aos 84 anos, ela conquistou o Prêmio Mulher de Negócios 2012 na categoria Negócios Coletivos, concedido pelo Sebrae de São Paulo.

Na década de 1970, essa empreendedora e mãe de quatro filhos iniciou um trabalho social com mulheres carentes do bairro Rubião Júnior, na periferia de Botucatu, interior paulista. Mais tarde, criou a Cooperativa de Artes e Ofícios, que transformou a vida das mulheres ao gerar renda com a venda de artesanatos e costuras. Graças a parcerias com o projeto Caras do Brasil, as peças produzidas pelas 42 cooperadas que trabalham em casa para poder cuidar dos filhos passaram a ser vendidas nas lojas da rede Pão de Açúcar.[5]

Vale a pena acrescentar que a Segunda Chance não começa apenas na aposentadoria ou na chamada terceira idade, como se a pessoa só pudesse pensar no próximo estágio quando encerrasse o anterior. Cada um pode começar a refletir desde já — mesmo sendo um adulto que acabou de entrar no mercado de trabalho — sobre o que esses vinte anos a mais podem significar na sua vida e, a partir dessa constatação, planejar como ela pode ser mais bem-vivida no seu todo.

O desafio de viver numa "mudança de época"

Tantas mudanças têm afetado o nosso dia a dia no trabalho, em casa e no lazer, que é comum ouvir que vivemos em uma "época de mudanças". E as proposições vêm cheias de obviedades, como dizer que "a única coisa permanente é a mudança".

Essa visão de mundo parece insinuar que devemos fazer ajustes na nossa vida para conviver melhor com as modificações percebidas. Nunca a teoria da evolução das espécies do famoso biólogo inglês Charles Darwin foi tão lembrada para transmitir a ideia de que sobrevive quem consegue se adaptar às alterações do ambiente (a chamada seleção natural). Ouvimos com frequência que quem vence não é o mais forte, nem o mais isso ou aquilo: "Os vencedores são os que melhor e mais rapidamente se adaptam às transformações."

Essas novas condições não devem ser analisadas de forma isolada, mas em conjunto, de modo integrado; afinal, uma torrente de mudanças ocorre ao mesmo tempo, afetando-nos em todas as dimensões da vida. Impactam não apenas o nosso trabalho, como também nossa vida pessoal, social, amorosa, espiritual, financeira etc.

As instituições às quais as pessoas se apegavam passivamente no passado para obter benefícios e soluções para os seus problemas — a família, o Estado, a Igreja e, a partir da Revolução Industrial, também a empresa — não são mais as mesmas. A família está se atomizando. Combalida, não consegue mais desempenhar seu papel tradicional. O Estado confessa não ser capaz de resolver os problemas dos cidadãos, tanto que proliferam as Ongs para cobrir áreas não atendidas pelo poder público. A Igreja vive uma encruzilhada existencial: precisa se renovar para sobreviver a longo prazo, mas não quer abrir mão dos dogmas que a consolidaram até aqui.

O último baluarte, a empresa, está em reconfiguração. Evoluímos da era industrial para o mundo dos serviços, e nele o que conta não é mais a cultura das chaminés das fábricas, nem os pilares que sustentaram a industrialização por décadas: a especialização das tarefas, a economia de escala, a departamentalizaçao das organizações e a produção em massa. O que importa, agora, é a cultura da interatividade dos serviços prestados pela empresa, não mais a forma como se fabricam os bens.

O antigo pacto "lealdade-estabilidade", que norteou a relação das pessoas com as empresas na era industrial, atravessa uma profunda transformação. As relações trabalhistas devem mudar completamente nas próximas décadas.

Na opinião do saudoso Peter Drucker, o principal guru da administração moderna, que encerrou sua brilhante carreira como professor da Universidade de Claremont, na Califórnia (Estados Unidos), "quando os historiadores analisarem a passagem do século XX para o século XXI não vão afirmar que a principal revolução deste período foi a tecnológica, nem a gerencial, nem mesmo a internet. Chegarão à conclusão de que o movimento com maior impacto sobre pessoas e organizações foi uma revolução social, dentro da qual cada ser humano passou a ser responsável pela sua própria vida. Nem a família, nem o Estado e muito menos a empresa terão a responsabilidade de guiar e dar suporte à vida das pessoas".[6]

Assim, as empresas não garantem mais a estabilidade como antigamente. Até mesmo as corporações japonesas deixaram de assumir esse compromisso. Ficou praticamente impossível prever a evolução de uma carreira profissional. O cenário tem mudado tanto que ninguém pode assegurar que tal ou qual carreira existirá no futuro.

O foco das empresas está migrando do produto para os clientes. O importante não é o que as empresas vendem, mas o que os clientes de fato compram. Mais valioso do que o produto é a experiência de compra sentida na hora da verdade, ao estar no chamado "ponto de venda". Contam a qualidade do atendimento, a capacidade de relacionamento e a competência de oferecer soluções integradas aos clientes e de superar suas expectativas, surpreendendo-os sempre.

Essas duas transições — do mundo industrial para o dos serviços e do foco no produto para o foco no cliente — alteram completamente a forma de exercer as profissões, quaisquer que sejam elas. Mesmo quem trabalha em uma indústria precisa aprender a pensar mais nos serviços e nos clientes do que na fábrica e nos produtos.

Como já descrito em detalhes no livro *A NeoEmpresa — o futuro da sua carreira e dos negócios no mundo em reconfiguração* (Integrare, 2012), também estamos evoluindo...

...do mundo fixo para o mundo móvel: o fundamental é a mobilidade e a portabilidade, a capacidade de carregar consigo e de acessar o que é essencial em qualquer lugar e a qualquer hora;

...do mundo físico para o mundo virtual: correspondências em papel foram substituídas por e-mails, papel-moeda por cartões de crédito, e carteiras de identidade por acessos concedidos por impressões digitais ou pela configuração da íris de nossos olhos;

...do analógico para o digital: a capacidade e a velocidade de processamento de informações, dados e imagens estão sepultando empresas e negócios;

...do previsível para o volátil: o planejamento anual começa a ser superado por estratégias cada vez mais on-line, e o que sempre foi encarado como sólido parece dissolver-se numa velocidade estonteante;

...da padronização para a diversidade: os produtos e serviços precisam ser customizados para atender a necessidades específicas, e a força de trabalho precisa contar com a criatividade de pessoas que pensam de forma diferente, mas complementar;

...da indiferença para a responsabilidade social: as empresas que andavam de costas para a sociedade e para as comunidades passam a admitir que a sobrevivência a longo prazo depende da sustentabilidade ambiental e social.

Poderíamos acrescentar a globalização da economia, a biotecnologia, a nanotecnologia e o fato de que finalmente estamos tomando consciência de que "o mundo é plano", como afirmou o jornalista Thomas Friedman.[7] Por tudo isso, tenho afirmado que não estamos simplesmente vivendo uma "época de mudanças". Vivemos, sim, uma verdadeira "mudança de época", um período de transição extraordinária, uma crise sem precedentes.

Vivemos as incertezas de um tempo desconcertante, cuja natureza, guardadas as devidas proporções, lembra a efervescência ocorrida em outros momentos da história. Menciono, a seguir, algumas dessas "mudanças de época":

- A passagem do século XV para o século XVI, que ficou caracterizada pelo Renascimento e pela era dos descobrimentos;

- A derrubada de regimes políticos autoritários movida pelo ideal da liberdade, que culminou com a Independência dos Estados Unidos, em 4 de julho de 1776, e com a queda da Bastilha, em 14 de julho de 1789, estopim da Revolução Francesa;

- A ruptura causada pela invenção da máquina a vapor na Inglaterra, por volta de 1850, que deflagrou a Revolução Industrial;

- A virada dos anos 1900, quando novas ideias nos campos da economia, política, artes, filosofia e religião avançaram e recuaram, de forma desordenada, como verdadeiras ondas de pensamento se chocando aos conceitos preexistentes e lançando as bases para dois momentos marcantes na história: a Revolução Russa (1917) e a Primeira Guerra Mundial (1914-1918);

- O período de grande desenvolvimento que se seguiu ao fim da Segunda Guerra Mundial (1939-1945), que levou os Estados Unidos, a partir da década de 1950, à prosperidade e ao topo do cenário mundial. Por isso, o século XX ficou conhecido como o “século americano”, que se caracterizou pelo surgimento de empresas modernas, pela Guerra Fria e pela corrida espacial. A chegada do homem à Lua possibilitou avanços tecnológicos no campo das telecomunicações, dos meios de transporte, da biotecnologia e em várias outras áreas do conhecimento.

Desde meados da década de 1990, mais uma vez, estamos às voltas com outra mudança de época marcada por grande grau de imprevisibilidade. É um enorme desafio! Não temos escolha se as novas circunstâncias nos afetarão ou não. Só podemos escolher como lidar com elas: se representarão um problema ou uma oportunidade em nossas vidas.

Somando os dois = grandes oportunidades

Teses absolutas estão caindo por terra nesse tempo de incertezas e de reinvenção. Eram crenças tão arraigadas que acabamos prisioneiros dessas "verdades". Mas fatos surpreendentes têm se encarregado de desmistificá-las.

Pois se você, leitor, juntar o que ganhou de presente — a possibilidade de viver pelo menos vinte anos a mais que o previsto — ao desafio de viver numa "mudança de época", o resultado pode ser a percepção de estar agora diante de uma *grande oportunidade*.

Ao combinar esses dois fatores, você pode sentir-se como se estivesse diante de uma página em branco, prestes a escrever o segundo tempo da sua jornada. Você tem a oportunidade de lutar pela Segunda Chance e de reescrever a sua história no trabalho, em casa, na escola ou em alguma outra dimensão da sua vida pessoal.

Mas que tipo de oportunidade é essa?

Se a Segunda Chance pela qual você tanto anseia consiste em superar uma situação inesperada ou indesejada, você dispõe de uma *oportunidade tipo I*, aquela que será aproveitada se você souber promover uma *mudança reativa*.

Mas se está tudo bem e ainda assim você julga que deve alterar sua situação no trabalho, em casa ou na sua vida pessoal para ser mais feliz, você precisará criar a *oportunidade tipo II* e promover uma *mudança proativa*.

Oportunidade tipo I: mudança reativa

Em geral, as mudanças reativas são necessárias quando a situação não tem mais jeito. A ruptura já ocorreu, independentemente da sua vontade, e as dores já são insuportáveis.

Na vida de uma pessoa, a causa pode ser uma demissão inesperada, um pedido de divórcio, a perda de um ente querido, uma doença que nos tira do combate, um acidente, a não aprovação em um concurso, a traição de um sócio ou da pessoa amada, a perda da poupança em um investimento errado, um deslize ético cometido em momento de fraqueza ou desespero.

Lembra-se do relato da designer de bijuterias Francesca Romana Diana, que lutou para superar a crise decorrente de sua separação do marido e sócio? A virada que ela deu é uma típica mudança reativa.

Mas o que melhor simboliza a capacidade humana de superação de adversidades e a persistência na luta pela Segunda Chance na vida é o exemplo dos atletas paraolímpicos. Eles nos emocionam com seu invejável esforço em busca da felicidade. É o caso dos brasileiros Lucas Prado, que garantiu a medalha de ouro nos cem e nos duzentos metros de corrida livre e estabeleceu novo recorde para os quatrocentos metros, nos jogos parapan-americanos de Guadalajara, em 2011, e André Brasil, que também cravou um novo recorde e conquistou medalha nos cem metros de nado livre durante esses jogos.

Na vida empresarial, a ruptura inesperada ou indesejada pode ser traduzida por crise na economia internacional, perda de clientes, baixa rentabilidade, prejuízos acumulados e dívidas impagáveis, desgaste de imagem, mudança de tecnologia, perda de pessoas-chave, conflitos com a comunidade, entrada de novos concorrentes no mercado, mudanças na legislação ou até uma cultura organizacional inadequada, que leva as empresas, ao longo do tempo, a complacência, acomodação, conflitos internos e pouca sinergia entre as partes.

Uma empresa que se recuperou de uma situação desastrosa foi a Nissan, dirigida pelo executivo franco-brasileiro Carlos Ghosn. A montadora estava afundada em dívidas em 1999, quando Ghosn assumiu seu comando em virtude de uma aliança entre a companhia japonesa e a Renault. Seu projeto era ambicioso. Se a Nissan não voltasse a ser lucrativa em 2000, ele se demitiria junto com toda a sua equipe. Ghosn quebrou barreiras culturais entre os empregados, desenvolveu processos de comunicação interna e implementou reformas agressivas. O presidente da Daimler Chrysler, Jurgen E. Schrempp, apelidou-o de "quebra-gelo" (*icebreaker*, em inglês) por sua capacidade de reinventar as práticas comerciais vigentes.[8]

Ghosn tornou-se o inimigo número um dos japoneses tradicionalistas. Foi censurado publicamente pela influente Japan Auto Parts Industries Association por não comparecer a uma festa de fim de ano organizada pelos fornecedores da Nissan. Mas os resultados de suas ações não tardaram a aparecer. Em dois anos, a empresa saiu da beira da falência e alcançou lucros jamais registrados na sua história. Estava de volta ao topo do clube das montadoras.

O jornal *The Economist* descreveu Carlos Ghosn como uma síntese entre o mercador árabe, a energia latina, a estratégia gaulesa e a diplomacia oriental, "um cidadão do mundo, talhado para viabilizar o renascimento da Nissan com os instrumentos que aprendeu a manusear no Ocidente". A descrição resume a trajetória do executivo descendente de libaneses, nascido no Brasil e criado como cidadão francês. Promoveu reviravoltas nas operações da Michelin, nos Estados Unidos, depois de passar pela filial da empresa no Brasil, e salvou a Renault da bancarrota. Mas nada se compara ao que fez na Nissan.

"A pior coisa que se pode ter são soluções pré-fabricadas", revelou Ghosn, que sempre ignorou estereótipos na hora de tomar decisões. Outras lições do presidente da Nissan, eleito o melhor administrador do Japão em janeiro de 2004, após alcançar 999 pontos na pesquisa elaborada pelo jornal econômico *Nihon Keixai Shimbun*: simplicidade, responsabilidade e transparência. "Simplicidade é um sinal de inteligência e trabalho árduo."[9]

Mas terá Carlos Ghosn a capacidade de criar uma "terceira chance" para a Nissan e para a Renault, empresas que ele dirige simultaneamente, uma no Japão e a outra na França? A batalha mais árdua do *icebreaker* teve início no final de 2008 com a queda da indústria automobilística em todo o mundo, decorrente da crise financeira internacional deflagrada com o estouro da bolha imobiliária norte-americana. O negócio automotivo foi um dos setores mais afetados pela crise na economia mundial, que arrastou as três maiores fabricantes de veículos do mundo — a General Motors, a Chrysler e a Ford —, salvas da falência pela injeção de pesadas somas do Tesouro dos Estados Unidos. Até a Toyota apontou um significativo prejuízo pela primeira vez na sua história de quase setenta anos de lucros ininterruptos.

A Nissan e a Renault estavam preparadas para colher os frutos plantados no biênio anterior. A crise não poderia vir em pior momento, quando novos modelos bastante atrativos de automóveis estavam prontos para serem lançados e consolidar de uma vez por todas o *turnaround* (a reviravolta) iniciado nas empresas. De repente, o mercado consumidor europeu encolheu e os produtos ficaram sem compradores. O que fazer? Como criar uma nova chance para as empresas?

Esse problema enfrentado pela indústria automobilística é um desafio recorrente no mundo empresarial, que vai continuar tirando o sono de executivos em vários setores de atividades. Não existe uma fórmula mágica nem uma solução-padrão. Cada caso merece uma análise aprofundada das alternativas viáveis para produzir a virada necessária. Em algumas situações, conhecer melhor os clientes e o significado que atribuem aos produtos pode ser a saída. Em outras, a solução pode residir em redesenhar completamente a linha de produtos de uma forma mais compatível com as novas regras do jogo econômico. A substituição de gestores por líderes mais adequados nunca pode ser descartada. Mudar o tipo de negócio, utilizando-se das competências peculiares que o diferenciam, também tem sido uma estratégia utilizada. Em qualquer das alternativas, contudo, pode-se perceber um lugar-comum: o sucesso deriva sempre da coragem de mudar, mesmo que tardiamente.

Oportunidade tipo II: mudança proativa

As mudanças proativas ocorrem quando as coisas vão bem e se busca otimizar um posicionamento ou prevenir uma situação futura adversa. Aliás, o melhor momento para mudar é quando tudo parece bem. Assim, há tempo de planejar as ações, ponderar e decidir sem pressões incontroláveis.

Na vida de uma pessoa, uma mudança proativa se dá quando ela decide trocar de área dentro da mesma empresa ou mesmo mudar de emprego, buscando um local onde possa realizar de forma mais plena o seu potencial. Ocorre também quando ela resolve constituir família, ter filhos ou até se divorciar antes da deterioração irremediável de um casamento que não está dando certo... Abraçar uma causa social que complemente sua atuação profissional ou se dedicar a outra profissão, mais próxima da sua vocação. Investir nos estudos para iniciar outra etapa na vida. Mudar de cidade, de país.

O grande artista espanhol Joan Miró realizou uma mudança proativa na sua carreira ao pintar *A terra lavrada,* de 1923. No quadro, o artista "desconstruiu" o realismo que marcara seus trabalhos anteriores — os retratos, as paisagens e as naturezas-mortas elaborados segundo os cânones tradicionais — para representar o imaginário, as figuras aparentemente infantis, a poeira, a partícula. Se continuasse a se inspirar em outros artistas, sem fazer esse movimento de evolução pessoal, talvez tivesse ficado no anonimato. Ao dar vazão à sua criatividade, Miró criou uma obra singular, que o projetou internacionalmente como um dos principais expoentes da vanguarda surrealista.

O ex-piloto Raul Boesel iniciou o segundo tempo de sua vida a partir de uma surpreendente mudança proativa. Aos 49 anos, depois de construir uma carreira sólida em mais de três décadas dedicadas ao automobilismo, ele resolveu seguir um sonho nascido na adolescência, durante um show da banda Pink Floyd, em Londres, nos anos 1980: tornar-se DJ. Contratou um professor e começou a treinar três vezes por semana, quatro horas por dia. "As pessoas diziam que seria apenas um hobby, que eu fazia aquilo para me manter na mídia, que eu era muito velho para estrear como DJ", disse em entrevista à revista *IstoÉ*.[10]

Boesel não desistiu. Todos os anos ele frequenta os festivais de Ibiza, a meca da música eletrônica. Em 2003, ele se apresentou pela primeira vez na cidade espanhola. Satisfeito com a nova profissão, diz que o tempo das corridas ficou para trás.

Outro exemplo de mudança proativa vem da jornalista Fátima Bernardes. Depois de 14 anos apresentando, com enorme sucesso, o *Jornal Nacional* ao lado do marido, William Bonner, ela deixou a bancada com alta popularidade para se dedicar a um novo projeto, um programa matutino, o *Encontro com Fátima Bernardes*.

Ao receber o prêmio Melhores do Ano 2011 do programa *Domingão do Faustão* na categoria Jornalismo, ela se emocionou ao falar do projeto. Faustão perguntou por que decidira mudar, pois, segundo ele, "as pessoas só mudam quando estão dando errado". Como uma lição inspiradora para o público, Fátima respondeu: "Para evitar a acomodação."[11]

Uma das formas de iniciar uma mudança proativa é por meio do autoempresariamento, a gestão equilibrada das várias dimensões da vida: familiar, profissional, espiritual, social, afetiva etc.

Mesmo porque o problema pode não estar onde parece estar. Às vezes, quando o relacionamento conjugal apresenta problemas, a solução nem sempre é romper com o parceiro e se casar de novo. Você pode vir a se divorciar e cometer os mesmos erros de antes na nova relação. Como se diz popularmente, "o buraco pode estar mais embaixo", na falta de equilíbrio entre o trabalho, a vida familiar, a espiritual, a relação com os amigos. Não adianta só atacar o sintoma. É preciso corrigir a causa do desequilíbrio.

Na vida empresarial, a mudança proativa pode ser traduzida em uma nova forma de atendimento ao cliente, como faz o Magazine Luiza; na adoção de uma nova tecnologia, como fez a Petrobras quando decidiu investir na prospecção de águas profundas, o que a colocou no ranking das melhores empresas de petróleo do mundo; no lançamento de novos produtos, como fez a Natura ao introduzir a linha Ekos; numa nova forma de relacionamento com a comunidade onde a empresa opera, como a iniciativa tomada pela Samarco ao explorar projetos de mineração em Guarapari, Espírito Santo, e em Mariana, Minas Gerais.

Por seu turno, a Solví, empresa de engenharia ambiental, investiu na capacitação de seus líderes atuais e potenciais a fim de criar condições para diversificar seus negócios e duplicar de tamanho em um prazo de cinco anos. A Gerdau e a Odebrecht promoveram profundas mudanças proativas ao se internacionalizarem, passando a atuar em vários países como forma de reduzir a dependência de um único mercado.

Promover mudanças proativas requer inovação, ousadia, percepção, coragem para transgredir. Produz uma ruptura, uma descontinuidade, um renascer em si mesmo. Foi o que ocorreu em Portugal na época dos descobrimentos.

No alvorecer do século XVI, aquele pequeno país europeu, espremido entre o mar e a nação vizinha, com a qual disputava territórios há décadas, lançou-se num projeto ousado que mudou o destino do Ocidente. Se Portugal quisesse expandir seus domínios e estabelecer novos entrepostos comerciais, teria que enfrentar as desconhecidas águas do oceano Atlântico. Caso tentasse as outras opções, uma marcha terrestre pelo continente europeu ou a navegação no Mediterrâneo ou nos mares do Norte, exércitos franceses, italianos, holandeses, turcos, mongóis e russos, sem falar dos espanhóis, certamente atrapalhariam seus planos. Então Portugal se empenhou numa fabulosa empreitada, que deu origem à Escola de Sagres. Esta, por sua vez, possibilitou a descoberta do caminho para as Índias em 1498 e introduziu o Brasil no mapa-múndi em 1500.

Não é por outra razão que diversas qualidades valorizadas hoje no mundo dos negócios já podiam ser observadas no projeto marítimo português: visão geopolítica, obstinação, espírito empreendedor, criatividade, mobilização de parcerias e alianças, formação de lideranças e treinamento de equipes, realização e perseguição sistemática de avanços progressivos, domínio da logística, financiamentos e configurações econômicas autossustentadas.

Portugal e seus navegadores lançaram as bases de um notável engenho estratégico, dotado de um conjunto de instrumentos de trabalho que habilitaram o país a se qualificar como um extraordinário descobridor de oportunidades. Por meio de ações bem-planejadas — podia-se calcular até quanto seria possível investir numa expedição —, acumularam experiências, quebraram paradigmas, premiaram o talento e inventaram outro futuro.

A equação da Segunda Chance

Os exemplos citados ilustram como a percepção da oportunidade pode levar à Segunda Chance.

Pergunto a você, leitor: já pensou no que pode fazer com os vinte anos extras de vida que ganhou? Ficar remoendo as mesmas coisas e repetindo a experiência adquirida? Ou aproveitar esse fabuloso presente e ampliar as possibilidades de viver um novo roteiro, com um novo papel, em um novo cenário?

Você consegue perceber onde está a sua oportunidade? Será ela reativa ou proativa?

Será que a mudança de época, que angustia tanta gente, não poderia ser a sua oportunidade de criar um negócio novo, de desengavetar um projeto adiado, de investir em um campo diferente?

Em vez de ficar angustiado, talvez tenha chegado a hora de parar e tomar uma decisão. A coragem para escolher caminhos é outro requisito necessário para criar a Segunda Chance. O primeiro você já sabe qual é: perceber a oportunidade.

A estratégia, entendida como "a arte e a coragem de fazer escolhas", é o que pode transformar a oportunidade percebida em um poderoso aliado, por isso será tema do próximo capítulo.

Por hora, saiba que a equação da mudança pode ser assim formulada:

Oportunidade + Estratégia + Coragem
= Nova Chance

Box do leitor

IDENTIFIQUE A SUA OPORTUNIDADE:

a. De virada reativa:

Onde você precisa superar algo que não vai bem?

....

....

....

....

b. De virada proativa:

Onde você precisa se antecipar aos fatos e iniciar uma mudança?

....

....

....

....

Capítulo 2

Escolha o caminho

*“**Nem** tudo*
que cai na rede
é peixe.”

Um abandona a caatinga, o outro corre pelo sertão nordestino, e o terceiro viaja pelo interior da América Latina. A análise de três filmes do respeitado cineasta paulista Walter Salles Jr. — *Abril despedaçado*, *Central do Brasil* e *Diários de motocicleta* — evidencia uma característica recorrente: seus protagonistas saem pelo mundo, tentando escapar de dúvidas, infortúnios e fantasmas. Lutam por suas identidades. Deixam para trás o futuro em busca de uma nova vida.

"O que me atrai são os personagens que outorgam uma segunda chance", disse Waltinho, como o cineasta gosta de ser chamado.[1]

O interessante é que a trajetória do próprio cineasta, assim como a de seus personagens, revela uma boa dose de ousadia. Economista formado no Rio de Janeiro, ele poderia ter se acomodado em desempenhar o papel de herdeiro de um dos maiores bancos do país, o Unibanco, fundado por seu pai, o embaixador Walter Moreira Salles. Poucos teriam a coragem de declinar dessa alternativa. Mas ele preferiu enveredar por um caminho próprio, uma carreira construída passo a passo.

Walter Salles Jr. se tornou "um documentarista que faz ficção", como modestamente se define. Dirigiu Fernanda Montenegro no papel que a levou a disputar o Oscar de Melhor Atriz em 2002. Seu filme sobre a viagem de Che Guevara na garupa de uma motocicleta pela América Latina foi indicado ao Oscar 2005 como

Melhor Roteiro Adaptado, e a música "Al otro lado del río", do compositor uruguaio Jorge Drexler, ganhou a estatueta máxima do cinema na categoria Melhor Canção Original.

Não é por acaso que ele concorreu mais uma vez à Palma de Ouro no Festival de Cannes de 2012, com uma adaptação do livro *On the Road* (*Na estrada*), do conhecido autor da contracultura norte-americana Jack Kerouac — que inspirou grande parte dos jovens nos anos 1960 e de certa forma antecipou a onda hippie. Em entrevista ao jornal *O Estado de S. Paulo*, o diretor afirmou: "A questão da busca de identidade talvez seja o traço comum à maioria dos filmes que fiz, e os *road movies* (filmes de estrada) servem a essa temática."[2] Waltinho confirmou sua motivação na matéria publicada pelo jornalista Carlos Messias: "Me interessam acima de tudo pelo tema da identidade", e adicionou de forma convincente que "os filmes de estrada são quase sempre sobre personagens que se interessam mais pelo que eles ainda não conhecem do que pelo que lhes é familiar. Na estrada, à medida que você ganha distância do ponto de partida, é mais fácil você entender de onde vem e quem você é".[3]

Cineasta e piloto — ganhou em 1996 o Campeonato Paulista Sênior de Kart, em 2006 participou da Porsche GT3 Cup, em 2008 foi vice-campeão da GT3 Brasil e chegou a vencer uma corrida no circuito da França no GT3 Europa —, a trajetória de Waltinho envolve uma palavra-chave: *estratégia*, um conceito amplamente difundido, pouco praticado e muitas vezes malcompreendido, que merece reflexão.

Sobre o tema, ele ensina esta importante lição: "Nos dois casos, você tem que saber traçar objetivos, motivar uma equipe e estar no topo de sua forma a cada volta ou a cada plano (cinematográfico)."[3]

Estratégia: a coragem de fazer escolhas

Quem já trabalhou numa grande empresa deve ter acompanhado (ou pelo menos ouvido falar) de sessões de planejamento estratégico, um dos rituais mais previsíveis da vida empresarial contemporânea.

Pelo menos uma vez por ano, dezenas de executivos e gerentes se reúnem por cerca de dois a três dias, de preferência fora das instalações da empresa, com a finalidade de avaliar os resultados alcançados naquele período e estabelecer as metas para o próximo ano.

Concentrados num salão de convenções, assistem a palestras de macroeconomistas e especialistas que anunciam previsões baseadas em pesquisas de mercado, modelos quantitativos e projeções estatísticas. Acompanham a apresentação dos novos produtos e serviços que a empresa pretende colocar no mercado, sem falar nas palestras motivacionais, para que todos saiam turbinados e comprometidos com a estratégia preestabelecida, composta de uma definição de *missão*, *visão*, *valores* e *metas* ambiciosas e desafiadoras.

Esses rituais perpetuam o velho paradigma da era industrial: alguns privilegiados — os estrategistas — são pagos para pensar, enquanto a grande maioria é paga para fazer. Mas a inadequação desse modelo começa a se revelar em poucas semanas. As previsões não se confirmam, os mercados "encolhem", os concorrentes aparecem com iniciativas surpreendentes, os clientes resolvem experimentar outros produtos, os fornecedores ficam mais exigentes, e alguns executivos ameaçam abandonar o barco... Resumindo: o mundo real não aceita a gaiola da estratégia racional que a empresa tenta impor, muito menos a camisa de força proposta pelos especialistas.

Aprendi a duras penas que a concepção é a parte mais fácil da estratégia. O mais difícil é a implementação. Os especialistas em estratégia se ufanam do brilhantismo de suas ideias como se elas fossem suficientes para levar a empresa ao pódio. No entanto, o cemitério corporativo está cheio de empresas com estratégias mirabolantes que não conseguiram ser executadas ou foram abandonadas porque se mostraram impraticáveis.

Como no futebol, o que leva uma empresa a ganhar é a arte do jogo em si, e não apenas a definição de como o time vai jogar.

As estratégias que funcionam na prática não são decididas apenas em salas de diretoria. Nem brotam de uma modelagem racional, lógica e previsível. Na prática, o processo da estratégia é também intuitivo, emocional e, em alguns momentos, até mesmo ilógico.

Estratégia é a arte da escolha. Em outras palavras, é a coragem de dizer não. É manter o foco aonde se quer chegar e pavimentar o caminho até lá. Estratégia consiste na definição do "porto de chegada" e do modo como pessoas, empresas e instituições fazem a travessia rumo ao próximo patamar desejado.

Você leu corretamente: estratégia não é um conceito válido apenas para o mundo empresarial ou para os grandes negócios. É também útil, e muito, para as pessoas que querem dar novo rumo às diferentes dimensões da sua vida — profissional, familiar, social, financeira etc.

Nesse sentido, cada pessoa é um estrategista em maior ou menor grau. Estratégia diz respeito não apenas aos empresários, executivos ou governantes, mas às pessoas dispostas a assumir as rédeas de seu destino.

Espero que essas reflexões contribuam não só para trazer uma lufada de ar fresco ao assunto e desmistificar o conceito de estratégia, mas também para inspirar você a montar a sua própria estratégia e a buscar a sua próxima chance em qualquer aspecto da vida.

Construa sua Segunda Chance

Seu sucesso na tarefa de viver o seu próximo ato depende de uma variável importante: a coragem de escolher o caminho entre as inúmeras circunstâncias e oportunidades que compõem a sua existência.

Onde, afinal, residem as oportunidades para você construir sua Segunda Chance? Vamos analisar algumas possibilidades:

- Na vida profissional
- No amor e na família
- Na qualidade de vida e na saúde
- Na superação de acidentes e de incidentes marcantes
- Na realização financeira
- Nas escolhas éticas
- Na vida social e na cidadania
- Na vida espiritual

A Segunda Chance na vida profissional

O trabalho, atividade que ocupa a maior parte do nosso tempo, é uma das maiores fontes de infelicidade do mundo contemporâneo. Os problemas começam quando um jovem faz uma escolha errada da profissão. Não tinha certeza da sua vocação e, por influência de amigos, familiares ou de alguma fantasia, resolve ser médico, engenheiro, advogado... Ainda no meio da faculdade descobre que odeia as disciplinas acadêmicas inerentes àquela profissão e que não nasceu para a coisa. Às vezes falta coragem de dar a meia-volta e redirecionar seus estudos. O medo do fracasso, o receio de parecer indeciso, a insegurança e a pressão dos outros podem vencer a dúvida. Daí a acomodação prevalece: "Afinal, só falta um ano para me formar... depois ajeito isso e passarei a fazer o que realmente gosto", sentencia sua voz interior.

Eis algumas situações bastante comuns na esfera profissional que tiram o sono das pessoas em diferentes momentos de suas trajetórias:

Perdi o ano na faculdade: dá para recuperar? Sim. Só não dá para recuperar o ano em si, pois a formatura será um ano depois do que poderia ter sido. Você poderá compensar entrando mais cedo no mercado de trabalho como estagiário ou *trainee*. Poderá também caprichar mais nos estudos daqui para a frente. E ainda se qualificar melhor desde cedo em algumas competências que o curso formal não oferece, mas que o mercado poderá exigir, como o aprendizado de um ou dois idiomas estrangeiros.

Filho de peixe peixinho é? Quantos jovens são forçados a seguir a profissão do pai ou da mãe? Um conhecido advogado no Rio de Janeiro sonhava em ver a filha seguindo seus passos e liderando aquela famosa banca de advocacia. Um domingo ele me convidou para um churrasco em sua casa de praia. Entre um drinque e outro, vi a garota saindo do mar com sua prancha de surfe. Não conseguia imaginá-la entrando de toga em um fórum para defender um réu. Revelei isso a ele e quase perdi sua amizade. O pai insistiu, e a filha se viu obrigada a cursar direito. Contudo, jamais aceitou trabalhar no escritório do pai. Casou-se logo após a formatura e foi morar no exterior com o marido. Sente saudades do Brasil e da praia, mas prefere ficar longe das cobranças do "velho".

Não aguento mais esse trabalho. A vida corporativa tradicional é plena de idiossincrasias e desencantos. Pesquisa com mais de duzentos executivos em 31 países, realizada pela Accenture Consultoria no início de 2012, revela que 59% dos homens e 57% das mulheres estão infelizes com o trabalho. As empresas, por sua vez, ainda não perceberam que a causa da insatisfação reside no trabalho em si e na forma como as pessoas são gerenciadas — mais tratadas como cargos do que como pessoas. Tentam aplacar a insatisfação com iniciativas cosméticas, investindo em programas de qualidade direcionados ao "bem-estar", sem apontar para soluções na estrutura da empresa, no plano de carreira e no reconhecimento profissional. Ou seja, atiram no alvo errado. Nas palavras do professor Mário César Ferreira, da UnB, que coordenou um estudo sobre o tema, "o que as empresas vêm fazendo é uma espécie de ofurô corporativo: o funcionário vai para sessões de relaxamento e depois volta para o mesmo clima deteriorado e tem até um choque de realidade".[4]

Outras vezes um profissional, após anos de dedicação à empresa, construindo uma carreira vertical e progressiva dentro de determinada área funcional — contábil/financeira, por exemplo —, chega à conclusão de que não é bem aquilo o que gostaria de estar fazendo. Percebe que sente muito mais prazer ao lidar com o público e que gostaria mesmo é de atuar na área comercial, visitar clientes como gerente de vendas. "Você está louco? Vai jogar tudo fora para tentar algo que não é o seu *métier*?", é o argumento mais frequente dos familiares, amigos e colegas para os quais alguém confidencia seus desejos profissionais mais íntimos.

Não aguento mais meu chefe! Outra situação recorrente é a do profissional que trabalha em uma área comandada por um chefe que não o valoriza, não o estimula e, em casos extremos, até o assedia ou agride verbalmente. Esse tipo de "chefe tóxico" pode destruir a autoestima de uma equipe e de pessoas que ficam acuadas diante do poder hierárquico. Por serem protegidas pelo silêncio, infelizmente tais atitudes sádicas proliferam em algumas empresas.

Fui demitido, e agora? Complicado mesmo é quando a pessoa, de forma inesperada, é demitida — porque a empresa foi comprada, mudou de ramo ou simplesmente resolveu enxugar sua estrutura — sem ter usufruído a oportunidade de se preparar para tal desfecho. O mais comum é simplesmente mudar de emprego, buscar uma nova empresa para trabalhar. Às vezes dá certo, mas nem sempre. A pessoa pode mudar apenas o cenário da sua infelicidade e, após certo período no novo emprego, por não conseguir entregar os resultados esperados, é mais uma vez demitida, ou então se demite porque não consegue se realizar profissionalmente. Fica saltando de galho em galho, de emprego em emprego.

O que fazer, então? Que tipos de Segunda Chance buscar? O emprego ideal existe?

Existem várias alternativas. Uma delas é mudar de área dentro da mesma empresa. Eu optei por esse caminho e permaneci durante vinte anos trabalhando na mesma personalidade jurídica, mas variando muito de atividade, sem ficar fixo em um único *script* profissional. Migrei de uma área funcional, a de RH, para a de Planejamento Estratégico, mais perto dos negócios da empresa, e depois entrei de cabeça na área comercial. Construí uma carreira no exterior, onde atuei durante 15 anos em sete países diferentes. Nunca tive um dia igual ao outro. Descobri que o emprego ideal estava dentro de mim!

Mas se você estiver infeliz no trabalho, já tiver esgotado suas possibilidades na empresa atual e sentir a necessidade de maior autenticidade na condução da sua carreira, a melhor opção é sair e procurar uma oportunidade onde houver grande convergência de valores pessoais com os propósitos da organização. Para isso, é aconselhável, entre os critérios de escolha, sempre incluir simpatia pelo que a empresa faz e empatia e admiração por seus líderes. Mas não se esqueça de, ao arrumar as malas para a partida, incluir um componente fundamental na sua bagagem: um razoável planejamento financeiro, que dê sustentação à sua decisão de mudar.

A opção de sair — conhecida pelo jargão *opt-out* — exige clareza de propósitos e coragem. Mas pode ser facilitada no momento em que o ambiente de negócios e o mercado de trabalho apresentam condições mais favoráveis — mais emprego, maior renda e maior demanda por profissionais qualificados.

A revista *Você S/A* deixou isso claro no seu editorial publicado em junho de 2012: "À medida que o mercado permite mais movimentações, os profissionais deixam de ter tanto receio de mudar e passam a não tolerar ambientes que não os satisfazem. O passo seguinte é ir atrás de novidades, de realização, de melhores condições, e tirar da gaveta os planos de mudar completamente de trajetória, de ter uma agenda mais flexível ou de abrir o próprio negócio."[5]

A alternativa de deixar de ser empregado e virar empregador, abrindo o próprio negócio, está em alta. Um estudo realizado pela consultoria DBM, uma das maiores do mundo em recolocação de executivos, revelou que num período de nove meses (entre outubro de 2008, auge da crise que afetou o mundo, e junho de 2009) o número de brasileiros que partiram para um negócio próprio cresceu cerca de 60%, aproximando-se do patamar de cem mil pessoas. Pesquisas confirmam que empreender passou a ser o sonho de mais da metade dos brasileiros com até trinta anos, e consistentemente têm revelado que essa nova safra de empreendedores brasileiros é mais bem-preparada que a geração anterior.[6]

Um bom exemplo dessa possibilidade é dado pelo engenheiro Raul Bonan e sua esposa, a advogada Christiane Magalhães. Ambos, com pouco menos de quarenta anos, decidiram abrir duas lanchonetes no Rio, especializadas em servir chá-mate. A administradora de empresas Clara Barreiros também ilustra essa tendência: detentora de um MBA, ela trabalhava como gerente de *facilities* do laboratório Sanofi-Aventis. Sofreu com a demissão, mas deu a volta por cima e, utilizando sua extensa rede de contatos, montou um negócio na área farmacêutica.[7]

Uma variante dessa possibilidade é que o negócio próprio venha a prestar serviços à empresa onde se trabalhava antes da demissão. Após o seu desligamento, um engenheiro que chefiava o departamento de manutenção de uma grande fábrica em Camaçari, Bahia, montou uma oficina mecânica para atender o antigo empregador.

Ser dono do próprio negócio exige outros cuidados. Sempre gosto de recomendar que uma pessoa só faça isso se for coerente com a sua vocação, se gostar do ramo de atividade do negócio que pretende abrir. Aí a chance de sucesso aumenta. O negócio ideal está dentro de cada um. Se a pessoa gosta de culinária, pode montar uma horta para ser fornecedora de restaurantes, uma pequena fábrica de utensílios de cozinha ou até um restaurante. Um curso de culinária também pode funcionar.

Ou, se a sua paixão estiver vinculada à moda, fabrique tecidos ou peças de vestuário, monte uma butique, seja fotógrafo ou produtor nessa área. Uma vez, durante uma palestra em Nagoya, no Japão, para uma multidão de decasséguis (descendentes de japoneses que vão ao país a trabalho), fui taxativo: "A única exceção para essa regra de abrir um negócio coerente com o que você gosta é esta: se uma pessoa gosta de beber, não abra um bar."

Outro exemplo encorajador de quem buscou a Segunda Chance é dado por Oskar Metsavaht, gaúcho de Caxias do Sul, que se formou em medicina, mas virou estilista. É o fundador e atual diretor de estilo e criação da conhecida marca carioca Osklen. Além de criar as coleções, é o diretor de arte das campanhas, desenvolve mobiliário, cria a atmosfera das lojas no Brasil e no exterior (Nova York, Tóquio, Milão, Roma, Genebra, Lisboa e Porto) e filma seus próprios curtas-metragens sobre seu universo inspiracional.

Oskar foi forçado a seguir a profissão do pai, que era médico. Até que, em 1986, um grupo de brasileiros fãs de *snowboard* decidiu escalar o Aconcágua, a montanha mais alta das Américas. Na época, era difícil encontrar no Brasil roupas para enfrentar a neve. Especialista em medicina esportiva e também um dos alpinistas do grupo, Oskar criou o StormTech, um tecido com proteção contra o frio e permeável à transpiração, e concebeu uma gama de casacos para a neve. A escalada foi transmitida pela TV, e as roupas ficaram famosas. Oskar ganhou ainda mais notoriedade quando se tornou o primeiro brasileiro a escalar o Mont Blanc, nos Alpes Suíços. Em 1989, fundou a marca Osklen, com a abertura da sua primeira loja no famoso balneário de Búzios, no Rio de Janeiro.[8]

Mas você não precisa estar infeliz no trabalho, ser demitido, ter um chefe insuportável ou ser forçado a parar de estudar a fim de colaborar no sustento da família para mudar o rumo de sua carreira e buscar sua Segunda Chance. Você pode ser proativo e fazer uma mudança mesmo quando as coisas andam bem. Aliás, em muitos casos, o melhor momento para mudar é quando tudo vai bem.

É o que nos ensina Reinaldo Polito, mestre em ciências da comunicação, professor de oratória, palestrante e escritor: "Não existia nada de errado com a minha vida. Meu futuro parecia perfeito e garantido... Então, por que arriscar uma mudança numa fase tão estável? Porque estar razoavelmente satisfeito não é o mesmo que ser feliz. [...] meu espírito pedia mais. Eu nunca tive medo de mudar."[9]

Graças a sua lucidez e coragem, em 1985, Polito deixou o banco onde trabalhava, mesmo sendo um profissional respeitado e bem-remunerado, para se dedicar exclusivamente ao ensino da oratória. O Brasil pode ter perdido um eficiente bancário, mas ganhou um dos melhores *experts* do mundo na arte de falar em público. Seus cursos ajudam milhares de brasileiros a se comunicar melhor, uma das competências essenciais de quem decide lutar pela Segunda Chance.

A Segunda Chance no amor e na família

Muito mais complexas e delicadas são as situações que envolvem família e afetos: casamentos que não dão certo; relacionamento tumultuado entre pais e filhos; brigas de irmãos; desavenças entre parentes das duas famílias; estranhamentos de genros e noras com os sogros. Essas situações traumatizam as pessoas e, às vezes, é difícil superá-las.

"Um erro trágico que cometi na vida foi o de não ter procurado meu pai após o divórcio dele com a minha mãe. Passei vinte anos sem vê-lo. Só fui reencontrá-lo no dia do seu funeral", revelou, com a voz embargada, uma jovem participante de um *workshop* que eu conduzia. Muitas pessoas não conseguem resolver esse misto de sentimento de perda e culpa. Infelizmente, carregam dentro de si a situação não resolvida, o que pode causar reflexos no seu papel de pai ou mãe e no desempenho profissional.

De fato, a morte do ente querido inviabiliza uma correção de rumo concreta e real naquele relacionamento específico, mas ainda assim a pessoa pode dar-se a Segunda Chance nas suas emoções e tentar superar o trauma. Perdoar-se talvez seja o primeiro passo do caminho a ser trilhado.

Me divorciei: vale a pena casar de novo? Devido às frustrações decorrentes do desacerto no primeiro casamento, muitas pessoas desistem de tentar outra vez e ficam estagnadas, amarguradas, ressentidas e solitárias, sem exercer o direito de ser feliz no amor. O que piora a situação é quando o "ex" ou a "ex" segue em frente, apaixona-se por outra pessoa, casa-se e vive feliz no novo relacionamento. A existência de filhos em comum agrava o quadro. Aí o sofrimento é generalizado: um move-se pela raiva, o outro pela impossibilidade de conviver melhor com os filhos, e esses, muitas vezes induzidos ao rancor ao pai ou à mãe distante, são os que mais sofrem.

Perdi o bebê: vale a pena engravidar outra vez? A perda prematura de um filho, quando planos já estavam sendo feitos para o quarto do bebê, o nome escolhido e até roupinhas sendo compradas, é uma experiência muito delicada e traumática.

Fiquei viúvo(a), e agora? A morte do companheiro ou da companheira provoca uma dor difícil de ser superada. O trauma é ainda maior quando acontece de maneira repentina, por uma doença inesperada ou um acidente trágico.

Que alternativas buscar? A felicidade existe?

Vários exemplos ilustram a possibilidade de se ter uma Segunda Chance no campo familiar e afetivo.

Lily e Roberto Marinho resgataram um amor que havia ficado arquivado por quase cinquenta anos. Ao se reencontrarem, ela estava com 67 anos e viúva há seis. Ele tinha 84 anos e vinha de um casamento que já não funcionava mais. Roberto se divorciou e, dois anos depois do reencontro, ele e Lily estavam oficialmente casados. Nunca é tarde para a Segunda Chance.

Sempre estimulo as pessoas a, depois de certo tempo de uma separação, buscar novos parceiros, pois a vida sem companhia relevante e sem amor não é muito gratificante.

Conheço várias pessoas que passaram a ser felizes sem precisar se atirar nos braços de novos parceiros logo após uma separação, como me relatou uma amiga aqui identificada como Carina Carvalho, que prefere que sua identidade não seja revelada:

> *Este é um assunto que aflige bastante as mulheres que precisam se dar uma Segunda Chance. Quando meu segundo casamento acabou, eu tinha 42 anos, uma bela carreira, uma filha adolescente e um salário que não dava para pagar as contas sozinha. Típico. Achei que tinha acabado ali, que ficaria sozinha e "dura" para sempre. Não sabia mais namorar nem achava que havia muita chance para uma mulher da minha idade, que devia me preparar para ser avó.*
>
> *Descobri que estava completamente errada. Posso não ter ainda encontrado a pessoa certa nesses últimos anos, mas me*

diverti muito mais do que quando vivia uma espécie de solidão a dois. E me encontrei. Descobri o prazer de ter meu tempo só para mim. Refiz amizades e ganhei outras. Voltei a estudar, voltei a malhar, voltei a ir à praia. Eu me dediquei mais ao trabalho e nunca ganhei tão bem na vida.

Lembro-me até de que, no auge do pânico por ter de enfrentar a vida sozinha, fiz uma lista de medos. Muitos efetivamente aconteceram, mas a maioria não. Aprendi a fazer uma pergunta-chave: se eu não tivesse medo de ____________, o que eu faria?

Faço agora a mesma pergunta a você, leitor(a): se você não tivesse medo de ____________ (aponte seu maior medo), o que você faria?

A forma como Carina se reinventou nos leva a alguns aprendizados, especialmente para as mulheres. O primeiro deles é que o casamento não é a única solução para os nossos problemas afetivos ou familiares.

O segundo é que muitas vezes é necessário dar um tempo e concluir de fato e intimamente uma relação antes de mergulhar em outra. Muitas pessoas não aguentam passar algum tempo consigo mesmas e substituem uma pessoa pela outra de forma compulsiva — isso quando já não acertaram um novo alvo antes mesmo de encerrar a situação anterior. Muitas vezes mudam apenas de cenário e de antagonista, mas a essência da relação afetiva continua a mesma, numa repetição pouco percebida.

O terceiro aprendizado é que não é porque estão sozinhas, porque o padrão de vida caiu momentaneamente com a separação e porque todo mundo diz que é difícil encontrar um parceiro que isso não possa mudar. Pode, sim! Mas não basta apenas querer para recomeçar. É necessário coragem para fazer escolhas, planejamento, disciplina e determinação em busca de uma nova chance no campo familiar e afetivo.

Reconheço que em algumas situações pode até ser mais fácil para um homem maduro encontrar uma nova parceira, casar-se novamente e até formar uma nova família, com filhos, do que para uma mulher. Mas essa aparente facilidade não é um sinônimo de maior felicidade. A felicidade está dentro de cada um e não apenas no objeto do desejo, representado por bens materiais ou por outra pessoa.

Com relação aos filhos, os progressos recentes da ciência têm possibilitado a realização do sonho da maternidade ou da paternidade após perdas que a princípio pareciam irreparáveis. Uma amiga da minha família sofreu bastante ao contabilizar dois abortos, sempre na fase crítica entre a décima segunda e a décima sexta semanas de gravidez. O fato sempre era atribuído ao estresse profissional, à falta de repouso ou ao peso excessivo carregado ao fazer compras no supermercado. Até que, ao trocar de médico, descobriu que apresentava um distúrbio, o fator V de Leiden, que eleva o grau de coagulação nas semanas iniciais da gestação. Iniciou o tratamento e deu à luz um casal de gêmeos. Um número considerável de mulheres tem, sem saber, o tal distúrbio, e como os exames para diagnosticá-lo nem sempre são cobertos pelos planos de saúde, muitos médicos não costumam solicitá-los no pré-natal.

Um caso curioso é o do aposentado João Possi. Quando sua filha Carolina nasceu, ele já estava com 73 anos, cinco filhos adultos, alguns netos e até mesmo bisnetos. Viúvo aos 68 anos, casou-se com a Cida, uma moça bem mais jovem, que engravidou quatro anos depois. Em depoimento a Thais Lazzeri, aos 88 anos, ele relatou as mudanças que a nova paternidade acarretou: "Na época em que meus outros filhos nasceram, eu trabalhava das cinco da matina às 23 horas. Não consegui acompanhar a gestação de nenhum deles e, algumas vezes, nem o parto. Com a caçula foi diferente. Participei de todas as consultas e, no dia do nascimento, há 15 anos, levei a Cida para o hospital... Vivi o outro lado da paternidade. Entendi o prazer de acompanhar o crescimento de uma criança. Superei limites físicos ao correr atrás de um bebê..."[10]

A Segunda Chance também pode ocorrer na relação entre mãe e filho, como ilustram a cantora Maysa e seu filho, o diretor de novelas e seriados de TV Jayme Monjardim. Maysa reinou na cena artística brasileira durante quase duas décadas, entre 1958, quando gravou "Meu mundo caiu", até 1977, quando morreu em um trágico acidente na Ponte Rio–Niterói.[11]

O único filho da cantora veio ao mundo em 11 de maio de 1956. Quando ela se desquitou de André Matarazzo, o garoto passou a viver boa parte do tempo na casa dos avós maternos, pois ela decidira mergulhar na carreira e passava por constantes tratamentos para desintoxicação alcoólica, como é de conhecimento público.

Durante dez anos, até os 14 de idade, Jayme ficou num colégio interno em Madri, Espanha, onde a mãe residira durante um período. Após assistir, sozinho, em uma enorme sala do colégio, à partida final entre Brasil e Itália pela Copa do Mundo de 1970, decidiu voltar ao Brasil. Sua mãe não o esperava no aeroporto quando chegou. Meses depois, Jayme obteve a sua emancipação legal, antes mesmo de completar 15 anos.

Mãe e filho se reencontraram no casamento dele — ainda muito jovem, aos vinte anos — e, de certa forma, fizeram as pazes. Maysa acompanhou o casal até o aeroporto para a viagem de lua de mel.

Foi o último encontro deles. Quando Jayme voltou da viagem e tomava banho na chácara de um amigo, ouviu pelo rádio a notícia do acidente e da morte da mãe.

Jayme integrou as equipes de direção de importantes produções como *Roque Santeiro* (1985) e *Sinhá Moça* (1986), até assinar sua primeira novela, *Direito de amar* (1987). Seu grande salto aconteceu com a direção inovadora de *Pantanal* (1990), sucesso da antiga TV Manchete. De volta à Globo na década seguinte, dirigiu uma sucessão de histórias marcantes para o telespectador brasileiro, como *Terra nostra, O clone, Viver a vida* e *Páginas da vida*. Eclético, em 2011 dirigiu e produziu o bem-sucedido show do cantor Roberto Carlos em Jerusalém.[12]

Em 1997, ele recontou a trajetória da mãe em um longa-metragem inacabado que deu origem a um especial na TV Bandeirantes. Em 2009, Jayme dirigiu a minissérie da Rede Globo que leva o nome da artista, *Maysa — Quando fala o coração,* percebida como um resgate emocional da memória da mãe. Alguns até consideram que ele tornava público um gesto de perdão. Uma das evidências é que a mais nova filha de Jayme com a cantora Tânia Mara, nascida no final de 2010, recebeu o nome da famosa avó.[13]

A Segunda Chance na qualidade de vida e na saúde

Recentes pesquisas sobre os sonhos e pesadelos dos executivos brasileiros apontam que "equilibrar melhor o trabalho com a vida pessoal" e "investir mais na saúde e qualidade de vida" são as duas prioridades indiscutíveis da grande maioria.[14]

Mas esse desejo ainda está longe da realidade. Clínicas médicas especializadas em saúde e estresse dos executivos apresentam dados alarmantes sobre hábitos alimentares e falta de exercício físico, além da alta incidência de vícios nocivos à saúde.

"O estresse é o preço que se paga pelo sucesso", afirmam de modo quase uníssono médicos, psicólogos e terapeutas organizacionais. Segundo o Centro Psicológico de Controle do Stress, a proporção de estressados entre profissionais em cargos de nível executivo subiu de 40% para 49% num intervalo de dez anos.[15]

Eis por que uma das questões mais frequentes no mundo corporativo é: "Só ando cansado e doente, acho que estou somatizando. Como readquirir a forma e o bem-estar?"

Lidar com essa realidade exige mudar o estilo de vida. Isso depende das pessoas e do ambiente em que trabalham. No caso do tabagismo, até que o mundo corporativo tem avançado. Mas não se pode dizer o mesmo a respeito de alimentação saudável, prática de exercícios e controle de peso. Devido ao cardápio equivocado e ao sedentarismo, 43,4% dos brasileiros estão acima do peso e 13% são obesos. Para forçar a reversão desse quadro, empresas começam a incluir as condições de saúde entre os critérios de avaliação e premiação dos empregados.[16]

Felizmente existem vários exemplos de pessoas que protagonizaram viradas nessa dimensão que afeta a saúde e a qualidade de vida. É o caso da vice-presidente de sistemas pessoais da HP para a América Latina, Cristina Palmaka, na faixa dos quarenta anos, que diz: "Sucesso é ter equilíbrio: cuidar da carreira, dos filhos, do casamento e da saúde. E saber lidar com o desequilíbrio."[17]

Ela começou a trabalhar aos 16 anos, como estagiária da Philips, em busca da independência financeira. Nas horas vagas, Cristina corre. E como corre! Faz entre dez e 15 quilômetros ao ar livre, quatro vezes por semana. Maratonista, ela e o marido participaram de duas provas em 2009: na Disney e em Berlim. Já correram em Chicago, Londres, Paris e Nova York.

Uma celebridade polêmica no mundo dos negócios que também demonstra alto compromisso com a saúde e a qualidade de vida é o conhecido empresário Abílio Diniz. Além de escrever um livro a respeito, ele mantém um site com dicas sobre a arte do equilíbrio.[18]

Já um exemplo inspirador de superação de um grave e inesperado problema de saúde é o dado pela bióloga e jornalista Ana Maria Braga, referência obrigatória na televisão brasileira com o conhecido programa matutino da TV Globo *Mais você.*

Filha única, Ana Maria passou a infância e a adolescência estudando em internatos no interior de São Paulo. Na adolescência, disposta a fazer faculdade, fugiu de casa e começou a trabalhar para poder se formar em biologia pela Universidade Estadual Paulista, em São José do Rio Preto. Depois transferiu-se para a capital e, para pagar os cursos de especialização, ela conseguiu um emprego na extinta TV Tupi, na qual chegou a trabalhar como uma das apresentadoras de um telejornal — o antigo *Rede Tupi de Notícias.* Cursou a faculdade de jornalismo e tornou-se assessora de imprensa e diretora comercial das revistas femininas da Editora Abril.

A partir de 1993, e por sete anos, Ana Maria dirigiu, produziu e apresentou o programa *Note e anote*, na Rede Record, que lhe rendeu vários prêmios. Depois, já na TV Globo com o vitorioso *Mais você*, um câncer a surpreendeu. Ana não se deixou abater e conseguiu vencer a terrível doença. Voltou a apresentar o programa mesmo tendo perdido os cabelos, como consequência da quimioterapia. Seu retorno muito emocionou o público, com os colaboradores vestindo camisetas em que estava escrito "time da guerreira".[19]

Outra questão frequente: *Sou um viciado: posso me recuperar?*

O ator global Fabio Assunção é protagonista de uma verdadeira "ressurreição". Em 2007, foi flagrado comprando trinta gramas de cocaína e teve de assumir sua condição de usuário da droga. Sua carreira sofria abalos. Foi impedido de participar de duas novelas no horário nobre por causa da falta de pontualidade nas gravações e da dificuldade de atuar sob efeito de calmantes. Tratou-se com o apoio dos Narcóticos Anônimos e está conseguindo superar a compulsão. Sabe, porém, que a dependência de drogas é uma doença crônica, nunca eliminada, e que essa batalha tem de ser vencida a cada dia.[20]

João Guilherme Estrella, cuja história foi retratada no livro *Meu nome não é Johnny*, ilustra bem uma virada saudável: jovem de classe média alta do Rio de Janeiro, rodeado de amigos, começou a usar drogas e se aventurou no mundo do tráfico. Foi preso, redimiu-se, mudou seu estilo de vida e hoje dá palestras sobre como combater a dependência.

Todos esses exemplos apontam uma mudança de paradigma no equilíbrio entre a vida pessoal e a profissional. Mas a maior transformação de atitudes talvez ainda esteja por vir pelas mãos dos jovens da chamada Geração Y, muito mais comprometida com a saúde e a qualidade de vida. Eles já estão escolhendo onde trabalhar por critérios que vão muito além do financeiro. Buscam um lugar que lhes permita equilibrar a vida pessoal com o trabalho e o lazer, além da possibilidade de deixar um legado.

A Segunda Chance na superação de acidentes e incidentes marcantes

Situações inesperadas e indesejadas, como doenças, acidentes, assaltos, homicídios e outros incidentes da vida contemporânea, às vezes batem à nossa porta e nos causam uma tragédia pessoal ou levam para sempre entes queridos.

Foi uma fatalidade: como voltar ao normal? Exemplos como dar a volta por cima após experiências trágicas ilustram, de forma dramática, o conceito de "resiliência". Derivado da física, o termo significa a capacidade dos corpos de recuperar sua forma original após um forte impacto, uma deformação, um trauma. Herbert Vianna, vocalista da banda Os Paralamas do Sucesso, e a mulher Lucy sofreram um acidente com um ultraleve em Angra dos Reis, litoral sul do Rio de Janeiro, em 2001. Lucy faleceu na hora. Herbert teve traumatismo craniano, esmagamento nas vértebras e ferimentos graves nos pulmões. O acidente o deixou paraplégico, mas em pouco tempo ele voltou a cantar, tocar e compor. Sua recuperação foi surpreendente! Um ano e meio depois do acidente, ele se apresentava no palco com os Paralamas. Dominou a guitarra, lembrou todas as letras, fez solos e sua voz estava límpida.[21]

Eu mesmo testemunhei uma das suas disciplinadas sessões com uma fonoaudióloga durante um fim de semana prolongado num hotel em Búzios, no Rio de Janeiro. Treinava muito para recuperar a fala e a memória.

O iatista Lars Grael é outro exemplo de superação. Em 1998, após conquistar duas medalhas de bronze olímpicas na classe Tornado, em Seul (1988) e em Atlanta (1996), ele treinava para uma regata em Vitória (ES), em comemoração ao aniversário da cidade. De repente, uma lancha invadiu a área demarcada para a prova e atingiu seu barco. Lars caiu no mar, foi sugado para baixo da lancha e a hélice decepou sua perna direita na altura da coxa. Socorrido por outros iatistas, perdeu muito sangue, chegou ao hospital em choque e teve duas paradas cardíacas.

Três meses depois, Lars já participava de uma regata na Baía de Guanabara, no Rio de Janeiro. Um dos criadores de um projeto de incentivo ao esporte como meio de reinserção social, ele ocupou cargos públicos (secretário nacional de Esportes, secretário estadual da Juventude, Esporte e Lazer de São Paulo) e continuou se dedicando ao iatismo. Em novembro de 2011, sagrou-se vice-campeão no torneio norte-americano da classe Star. "A vida é uma só e preciosa demais para perder tempo com lamentações", registrou no livro *A saga de um campeão.* "Estou vivo e quero dar minha contribuição à sociedade para retribuir a dádiva de poder continuar vivendo. Isso é o que realmente importa."[22]

Outra história inspiradora é a da jornalista e ex-modelo Flavia Cintra. Quando voltava de uma viagem à serra da Bocaina com o namorado, viram na estrada uma moto tombada e um corpo caído. Ao desviar, ele perdeu o controle do carro, que capotou. Flavia ficou tetraplégica. Passou pela reabilitação na Associação de Assistência à Criança Deficiente (AACD), voltou ao trabalho e, contrariando todos os prognósticos, engravidou e teve gêmeos. Repórter da TV Globo e consultora em inclusão social, Flavia inspirou o autor Manoel Carlos a criar a personagem Luciana, da novela *Viver a vida*, em 2009, e a atriz Alinne Moraes interpretou a cadeirante.[23]

O centroavante paraguaio Salvador Cabañas também superou uma situação trágica. Em 2010, o jogador do México do América levou um tiro na cabeça enquanto estava no banheiro de um bar da capital mexicana. Ficou entre a vida e a morte, e passou meses em tratamento. Vivia dizendo que voltaria a jogar futebol, embora os familiares e amigos não acreditassem. Em janeiro de 2012, quase dois anos depois, estava de volta aos gramados, vestindo a camisa do 12 de Outubro, do Paraguai, clube em que iniciou sua carreira.[24]

Thomaz Magalhães também reescreveu a própria história. Estava no auge da carreira em 1991, como sócio-diretor de uma das maiores empresas de construção e montagem do Brasil. Tinha 37 anos, casado, dois filhos. Era apaixonado por hipismo, esporte que foi parte da sua formação desde a infância.[25]

Uma queda durante um treino mudou sua vida: ficou paraplégico devido a graves lesões na medula. Thomaz não ficou se lamentando e, com muita paciência, disciplina e perseverança, conseguiu dar a volta por cima. Em 2005 e 2009 conquistou medalhas de bronze nos mundiais de esqui aquático. Sua história de superação é relatada no livro *Quebra de script — Uma incrível história de reinvenção pessoal* (Agir, 2009).

Porém, a situação que mais me emociona, entre as inúmeras que conheço, é a de Ana Amália, uma jovem mulher que praticamente só mexe os olhos e a boca, e que se tornou doutora pela Universidade de São Paulo (USP) apresentando seu trabalho sobre educação e arte para crianças com paralisia cerebral.

Ela produziu sua tese utilizando apenas os olhos e pequenos movimentos do queixo — as únicas formas pelas quais consegue se expressar. Há dez anos, Ana Amália se preparava para defender seu mestrado quando teve um acidente vascular cerebral (AVC) e perdeu quase todos os movimentos do corpo. Ficou muda e, desde então, se comunica por meio de um programa de computador.

Durante a defesa da tese ela chegou a brincar com a dificuldade em responder às perguntas da banca. Sua mãe deu um depoimento emocionado: "Para mim, significa ela ter deixado de ser vítima para conduzir a própria vida."[26]

Finalmente, não posso de deixar de mencionar um dos casos de superação mais emblemáticos que conheço: o do pianista e maestro João Carlos Martins. Não apenas pelas belas obras que toca ou rege, mas por ter transformado sua vida em uma bela obra. Surpreendeu pelo exemplo de superação, resistência ao infortúnio, volta por cima.

Martins era um pianista que encantava plateias. Aos vinte anos, estreou no Carnegie Hall, em Nova York, patrocinado por ninguém menos que Eleanor Roosevelt, ex-primeira-dama americana e delegada dos Estados Unidos na ONU. Em setembro de 1982, o jornal *The New York Times* se referiu a ele como um dos maiores pianistas em atividade. Foi também reconhecido como o melhor intérprete atual de Bach.

A carreira do pianista teve que ser interrompida duas vezes. A primeira em decorrência de um acidente durante uma partida de futebol. A segunda após um assalto em Sofia, na Bulgária, que deixou sua mão paralisada. As lesões se agravaram tanto que foi preciso abandonar o piano. De forma irônica, mas sem se lamentar, ele confessou como esses fatos repercutiram em sua vida: "Costumava fazer 21 toques por segundo no piano, e depois dos acidentes passei a fazer um toque a cada 21 segundos."

Em 2004, João Carlos Martins reinventou-se, dessa vez como maestro. Uma das maiores orquestras de câmara do mundo, a English Chamber Orchestra, já se apresentou sob sua batuta.

Em depoimento à psicóloga Cristina Jorge Dias para seu livro sobre resiliência que está no prelo, com o título provisório de *Qual a tua superação?*, o maestro esbanja ensinamentos:

Foi na regência que eu reinventei minha carreira. A regência não foi algo facilmente dado a mim; batalhei muito para conseguir e encontrei dupla satisfação: a de ter conseguido manter meu relacionamento com a música e a de ter superado os problemas que me acometeram durante a vida.

Tornei-me maestro e, para superar as dificuldades de manusear a batuta e as partituras, faço um trabalho minucioso de memorizar nota por nota para reger uma orquestra, com o máximo de dedicação possível; faço de cada músico uma nota do meu piano. Tenho a meu favor a paixão por acordar muito cedo. Às cinco da manhã já estou tomando café e decorando as peças. Depois de memorizar, saio para correr e praticar os movimentos das mãos que serão feitos depois, sem a batuta, no palco.

Sou teimoso! Muitas pessoas dizem que a obstinação não é um defeito e, sim, uma virtude. Quando não estou ensaiando, dedilho composições no piano de cauda em meu apartamento, para não perder a mobilidade que me resta em alguns dedos, pois sempre aos finais dos concertos, com dois, três ou quatro dedos, faço questão de tocar piano e dividir a emoção com o público.

Eu sou um sonhador e realizador nato. Sigo empenhado no fortalecimento do meu papel como regente e das orquestras que ajudei a fundar em 2006: a Orquestra Bachiana Filarmônica (formada por músicos profissionais) e a Orquestra Bachiana Jovem (formada por jovens talentos), que colaboram nesse processo de divulgar a música erudita no Brasil. Juntos, estamos criando uma nova forma de fazer música clássica — sem limites, sem fronteiras culturais, viajando de norte a sul, democratizando essa arte essencial do desenvolvimento do ser humano. [...] Em 2009, foram mais de 150 espetáculos para cerca de duzentas mil pessoas em todo o país.

Mais recentemente, o maestro, demonstrando toda sua criatividade e força de vontade, e sonhando em retornar à carreira de pianista, permitiu que fossem instalados eletrodos na sua cabeça, e tem apresentado sinais de recuperação de vários movimentos perdidos há cerca de dez anos. O neuroestimulaador instalado pelo médico Paulo Niemeyer parece estar funcionando a contento. Ele afirmou recentemente: "Nunca me conformei de não voltar a tocar. Hoje tenho dois ídolos — Bach e meu médico."

A trajetória de superação de João Carlos Martins, homenageado pela escola de samba Vai-Vai no Carnaval paulista de 2011, com o enredo "A música venceu", é plena de lições: "Quando você sofre uma adversidade, ou faz dela uma plataforma para crescer, ou cai no abismo."[27]

Perdi meu filho. Como suportar a dor? Lucinha Araujo, mãe do compositor e cantor Cazuza, e a atriz Cissa Guimarães são verdadeiras heroínas que tiveram de superar a morte dos seus filhos.

Revoltada no início e desejando manter distância daquela "doença maldita", como ela e Cazuza se referiam à aids, Lucinha recusou o convite do sociólogo Herbert de Souza, o Betinho, para trabalhar como voluntária na enfermaria do Hospital Universitário Gaffrée e Guinle, no Rio de Janeiro. Meses depois, ela criou a Sociedade Viva Cazuza, para amparar crianças que herdaram o vírus HIV dos pais. "O que eu reneguei com tanta convicção num primeiro momento se tornou a minha salvação."[28] Mantida com os direitos autorais da obra do artista, a Viva Cazuza presta assistência a crianças e adolescentes carentes portadores do vírus da aids e a pacientes adultos em tratamento na rede pública da cidade do Rio de Janeiro.

A atriz Cissa Guimarães também teve de encarar a dor da perda de um filho. O músico e estudante Rafael Mascarenhas foi atropelado enquanto praticava skate com os amigos num túnel fechado para obras, no Rio de Janeiro, em 2010. Duas semanas depois, muito emocionada, ela voltou aos palcos para apresentar a peça *Doidas e santas*. "Ele adorava essa peça", disse ao jornal *O Globo*. "É por ele e por mim também, pelos meus amigos [que estou voltando]. Eu vou voltar melhor. Quando a gente passa por uma experiência dessa é para mudar, para ficar mais humano."[29]

Meu querido amigo, o dançarino e coreógrafo carioca Carlinhos de Jesus, uma das poucas unanimidades nacionais em termos de competência e simpatia, tem lutado muito para superar a dor da perda do filho, Carlos Eduardo Mendes de Jesus. O Dudu foi assassinado a tiros, aos 32 anos, em frente a um bar em Realengo, subúrbio da Zona Oeste do Rio de Janeiro. Dono de um sorriso autêntico e cativante, Carlinhos está determinado a trazer de volta a sua marca registrada, dizendo, com lágrimas nos olhos e a voz embargada: "O palhaço tem de sorrir, mesmo quando tem vontade de chorar."[30]

Se a morte de um ente querido já é motivo de intenso sofrimento, imagine o tamanho do abalo sofrido por quem perde a família inteira, como a jornalista Lina de Albuquerque: "Um acidente arrastou toda a minha família para a névoa de uma tarde chuvosa do começo de 1996. No dia 2 de janeiro, um caminhão se chocou na estrada e atingiu meu pai, minha mãe, meu único irmão e um amigo da família. Morreram todos... Devo dizer que nunca cultivei amargura nem deixei de celebrar a vida."[31]

Lina seguiu em frente, trabalhando em conceituadas revistas como *Veja*, *IstoÉ*, *Cláudia* e *Marie Claire*, e em jornais de circulação nacional como *O Estado de S. Paulo*, *Jornal do Brasil* e *Valor Econômico*. Ela é também a autora de *Recomeços*, livro com 26 depoimentos de pessoas que enfrentaram profundas mudanças em suas vidas.

As histórias contadas aqui neste bloco não têm a menor intenção de deprimir você, leitor, e sim demonstrar como pessoas de carne e osso encontraram a saída para traumas aparentemente insuperáveis.

A Segunda Chance na realização financeira

A vasta maioria da população luta para conseguir realizar alguns sonhos materiais: atender às necessidades básicas de alimentação, vestuário, abrigo, locomoção, proteção; adquirir casa própria, automóvel, celular, computador; ter direito de usar uma roupa de grife. E alcançar, também, conquistas imateriais, como um pouco de lazer e educação melhor para seus filhos.

Mas poucos sabem organizar e gerenciar sua vida financeira. Compram errado, gastam mais do que deveriam, nem sempre utilizam o crédito em condições adequadas. Vivem relacionamentos com pessoas que exploram suas economias. Correm riscos evitáveis. Deixam-se enganar por espertalhões. Investem de forma pouco rentável ou em projetos errados.

"Peguei toda a minha poupança acumulada ao longo de 15 anos e investi num boliche, sugestão de um vizinho. Perdi tudo, dá para recuperar?", perguntou-me aflito, com lágrimas nos olhos, um participante de um evento promovido pelo Sebrae. Sim, sempre é possível reconstruir um patrimônio, desde que medidas saneadoras sejam tomadas com determinação e coragem. Curiosidade: depois fiquei sabendo que não se tratava de um vizinho, mas de um parente que desejava "um lugarzinho" no negócio do boliche.

Lembro-me de uma frase atribuída por populares ao marquês de Pombal (1699-1782), logo após o terrível terremoto que, em 1755, destruiu a cidade de Lisboa, a nostálgica capital portuguesa. Quando os oficiais, apavorados, perguntaram o que deveriam fazer, ele foi taxativo: "Enterrem os mortos, cuidem dos vivos e garantam que isso nunca mais se repita."[32]

As palavras que Pombal talvez nunca tenha pronunciado são muito úteis para ajudar quem enfrenta uma crise nas suas finanças pessoais. A tradução seria: contabilize o prejuízo, zere a dívida — se preciso for —, venda ativos — carros, terrenos, cotas de clubes, móveis, equipamentos usados —, renegocie a dívida com os credores, alongando-a no tempo, estanque o problema, feche o caixa, assuma o controle de desembolsos com mão de ferro, livre-se dos gastadores e oportunistas ao seu redor, desautorize quem possa contrair créditos em seu nome, consuma apenas o essencial, elimine todo o supérfluo.

Pense, também, em alternativas de receita que podem melhorar seu caixa no emprego atual ou em atividades paralelas que sejam éticas. Recorra a alguém que possa ser seu mentor financeiro e dar orientações específicas sobre a sua situação. E passe a controlar diariamente o seu caixa daqui por diante. Aprenda uma regra de ouro no mundo financeiro: só invista em um negócio aquilo que, se você perder, não porá em risco os outros bens que possui.

A Segunda Chance nas escolhas éticas

É muito tênue a linha que separa uma conduta ética de uma atitude condenável. Na pressa para tomar decisões, baseados em informações incompletas ou errôneas, ou pressionados pelas circunstâncias, não refletimos o suficiente e podemos ser levados a atitudes das quais nos arrependeremos mais tarde. Em alguns casos, dá para voltar atrás e corrigir; em outros, não. Às vezes temos de conviver com a culpa e acabamos por nos afundar num círculo vicioso que nos impede de progredir na vida.

"Quando eu era garoto, passei muitas necessidades. Ninguém sabe, mas, por duas ou três vezes, cheguei a pegar coisa escondida em um supermercado do bairro", relatou emocionado um executivo para um grupo de trinta colegas da empresa. Sentiu-se aliviado após revelar seu segredo. Alguns o abraçaram, demonstrando compaixão. Pensei em sugerir a ele que "devolvesse" aquela mercadoria retirada indevidamente sob a forma de doações para pessoas que estejam passando necessidades nas ruas.

Mas os deslizes éticos nem sempre são tão evidentes. Ou conscientes. Andrea, a jovem assistente de Miranda Priestly, personagem interpretada por Meryl Streep no filme *O diabo veste Prada*, percebe, numa cena marcante, que havia cometido um deslize sem se dar conta. Miranda diz a Andrea que se vê muito nela. A moça nega, argumenta que é muito diferente e jamais faria o que ela fez a um colega da empresa. Para surpresa da jovem, Miranda retruca: "Você já fez!" Andrea se defende: "Mas eu não tinha escolha!"

Será que ela não tinha escolha mesmo? Será que nós não temos escolha quando estamos cumprindo ordens? Somos, de fato, forçados a agir assim e assado, ou poderíamos ter agido de outra forma, sem ferir nossos valores mais íntimos?

Sempre temos escolha. Nada ou ninguém pode obrigar uma pessoa a fazer algo contra seus princípios. É questão de coragem, determinação, e de analisar o custo-benefício das nossas atitudes. Sempre é possível fazer de forma diferente, desde que se esteja disposto a pagar o preço da coerência com os princípios em que se acredita.

Há mais de duzentos anos, o grande filósofo alemão Immanuel Kant já nos brindava, no seu *A metafísica dos costumes*, com uma bela contribuição para os dilemas éticos atuais. Dizia ele, mais ou menos assim: "Tudo que você não puder contar como fez, não faça." Traduzo esse pensamento para os dias atuais ousando sugerir que os resultados que você não puder contar como obteve, melhor não obtê-los!

O fato é que deslizes éticos são mais comuns do que supomos: mentiras de conveniência, manipulações de informações, pequenas escapadas e traições a parceiros, cônjuges e sócios. Tendemos a focar em casos notórios e de grande repercussão como dos ex-presidentes Collor, no Brasil, e Nixon, nos Estados Unidos (o caso Watergate), e deixamos de olhar para os pequenos pecados do nosso dia a dia.

Muita gente acaba sendo complacente com a falta de ética por acreditar em falsas escolhas, como, por exemplo, entre ter sucesso e ser honesto. Ou o célebre "rouba, mas faz", atribuído a alguns políticos com certa condescendência. Como se fosse verdade que para fazer (cumprir promessas de campanha) os políticos precisassem roubar. Ou, pior ainda, como se tivéssemos de acreditar que quem não rouba é incapaz de fazer!

Pisei na bola: posso me redimir? O ex-jogador de futebol Leonardo Nascimento de Araújo — que passou 14 anos no Milan, na

Itália, como jogador, técnico e diretor do clube, e logo em seguida se reinventou como cartola internacional e se transformou em dirigente do Inter de Milão e depois do Paris Saint-Germain, na França — enfrentou um verdadeiro calvário. Campeão mundial na Copa de 1994 nos Estados Unidos, jogando na lateral esquerda da seleção brasileira, num jogo duríssimo, deu uma cotovelada no rosto de Tab Ramos, jogador do país anfitrião. Expulso da partida, Leonardo não pôde participar da final contra a Itália, que deu o título de tetracampeão ao Brasil. Mas conseguiu superar o incidente e se deu a Segunda Chance, redimindo-se perante a opinião pública brasileira: em 2002, em parceria com o ex-jogador Raí, implantou a Fundação Gol de Letra, uma Ong para atender a menores carentes de São Paulo.

Após duas décadas no exterior, Leonardo começou a sonhar com o retorno ao Brasil para, um dia, dirigir um clube grande e, quem sabe, ajudar a modernizar a arcaica estrutura do futebol nacional.

A Segunda Chance na vida social e na cidadania

Muitas pessoas, na ânsia do sucesso profissional, se isolam no trabalho e deixam de desenvolver laços com amigos e cultivar relações afetivas com pessoas fora do seu ambiente de trabalho. Esquecem seus deveres como cidadãos e ignoram oportunidades de contribuir com algum trabalho comunitário ou de responsabilidade social ou ambiental.

À pergunta "nunca fiz nada pela minha comunidade, ainda é tempo?", a resposta óbvia é sim, está na hora. Dê o primeiro passo ainda hoje: procure um projeto, na sua comunidade, com o qual você possa se comprometer. Oportunidade é o que não falta: adote a praça em frente ao seu prédio, apoie uma escola para crianças carentes, contribua com as iniciativas da associação dos moradores do seu bairro, e assim por diante. Se procurar, você vai achar! Com relação à vida social, dê outro passo: ligue para três pessoas amigas que você não visita ou não vê há algum tempo e convide-as para jantar.

A Segunda Chance na vida espiritual

Vida espiritual não é sinônimo de religião. Cultivar a religiosidade não significa virar adepto ou seguidor de uma prática religiosa específica, mas procurar desenvolver essa dimensão do ser humano, entrar em contato com uma força maior e buscar valores que transcendem as religiões, como compaixão, fraternidade universal, honestidade.

Nunca tive fé: ainda é tempo? Claro que sim! A história de Herbert Steinberg revela como uma pausa para cultivar o lado espiritual pode trazer crescimento nessa e em outras esferas da vida. O executivo e consultor foi diretor de RH do Citibank e do McDonald's no Brasil, sócio-diretor da DBM, também vice-presidente de RH do Banespa pós-privatização e professor na Business School, em São Paulo. Em 1999, decidiu percorrer a pé o caminho de Santiago de Compostela, na Espanha, famoso roteiro de peregrinação. Pretendia criar um tempo para descobrir o que lhe faltava para ser mais feliz.

"Eu nunca pensei que precisasse caminhar mais de oitocentos quilômetros para dar um salto de trinta centímetros. As centenas de quilômetros que andei foram necessárias para sair de minha cabeça e ir até o coração", conta no livro *Um executivo no Caminho*.[33]

Judeu até os 11 anos, Steinberg quis se tornar católico quando faltava pouco para o bar mitzvah, conforme contou a um padre com o qual se confessou ao chegar à Catedral de Santiago, em 12 de julho de 1999. Como os amigos, quis fazer a primeira comunhão. Assim, abandonou o judaísmo e se converteu ao catolicismo. Hoje, segue a doutrina espírita.

Os 34 dias de caminhada trouxeram muitos ensinamentos. "Paciência, humildade, flexibilidade e desprendimento são coisas que estão presentes durante o Caminho. É o ronco, a tosse do outro, a briga por espaço na mesa, a espera, a água que não dá pra todos. É ali que se realiza o verdadeiro milagre da comunhão, da divisão, do ajudar o próximo."[34]

Steinberg concluiu seu objetivo com o rosto barbado, dez quilos a menos e o espírito empreendedor atiçado. "Eu pensava que fosse voltar muito mais flexível e sereno. Que diminuiria o tempo de trabalho e aumentaria o de lazer. Entretanto, dedico mais horas à empresa agora do que antes do sabático." O que mudou, então, se ao voltar para casa ele tornou a fazer as mesmas coisas de antes? "Mudou a minha maneira de fazê-las. Sinto-me feliz com o que faço e não estou abrindo mão de nada."[35]

O executivo entendeu que colocava a carreira acima da felicidade pessoal por causa da devoção pelo *ter* e pelo *parecer ter*. O *ser* ficava em segundo plano. Suas reflexões durante a caminhada o levaram a rever o sentido desses verbos. "No fundo acho que *ser* é algo ilimitado. Se de um lado eu realmente extirpei a bobagem de lutar por *parecer*, acho mais legítimo do que nunca querer *ter*... Para nós humanos, seres em desenvolvimento, *ter* é um dos fatores que permitem viabilizar — para sempre — o *ser*."[36]

Ao contrário do que muitos imaginam, o mercado tem se mostrado receptivo aos profissionais que partem em busca do autoconhecimento, e vários exemplos ilustram como um período sabático bem-estruturado tem grandes chances de alavancar a carreira, desde que a pausa tenha foco e planejamento.[37] Na reportagem de Lucas Rossi "Sabático antecipado", publicada na revista *Você S/A* em junho de 2012, argumenta-se que, "até pouco tempo, a pausa na carreira era privilégio de altos executivos. Hoje, mais jovens profissionais pedem demissão em busca de uma vida diferente e de experiências fora de casa".[38]

A Segunda Chance para as empresas

Empresas também escolhem caminhos em busca da sua Segunda Chance. Há várias histórias de reviravoltas eficazes. De moribunda, a Embraer se transformou na terceira maior empresa de aviação comercial do mundo a partir da sua privatização, em 1995. Hoje é a maior exportadora de valor agregado e alta tecnologia brasileira. A Nestlé do Brasil, sob a batuta de Ivan Zurita até 2012, reinventou-se e se tornou a segunda maior filial da empresa no mundo. A Bombril, a Bunge, a Alpargatas, a Nissan e várias outras compõem um rico mosaico de empresas que tiveram sucesso na sua Segunda Chance.

Atualmente, a Sony luta pela Segunda Chance. Fundada em maio de 1946 por 26 engenheiros que se reuniram na laje de um prédio na cidade de Tóquio semidestruída pelo bombardeio das forças aliadas durante a Segunda Guerra Mundial, a Sony tornou-se um ícone de qualidade. Foi um dos instrumentos da redenção da economia japonesa durante as décadas de 1980-90. De certa forma superada pelo avanço tecnológico, passou a enfrentar dificuldades em diversos mercados nos quais seus produtos predominavam e se viu forçada a tomar várias iniciativas para tentar recuperar o papel de protagonista no cenário empresarial.

Um agressivo plano de reestruturação, que previa a redução do número de funcionários em todo o mundo, foi uma delas. Numa tentativa de reverter os prejuízos acumulados ao longo de vários anos, seu presidente, Kazuo Hirai, adotou a estratégia de racionalizar a empresa sem deixar de lado os investimentos em inovação. Além dos cortes, alguns executivos da Sony demonstraram disposição de abrir mão de seus eventuais bônus para ajudar a salvar a empresa.[39]

Duas gigantes do ramo da fotografia exemplificam como o estilo de liderança de uma empresa pode levá-la ou não à Segunda Chance. Kodak e Fuji tiveram seus negócios de filmes fotográficos devastados pelo advento da foto digital. Por que uma sobrevive bem e a outra está na UTI, à beira da morte?

A Fuji entendeu que o produto "filmes fotográficos" acabaria e rapidamente ajustou seu modelo de atuação. Percebeu que seu negócio, seu conhecimento científico e suas patentes estavam baseados em uma competência essencial: substâncias químicas. E se reinventou. Criou uma linha de cosméticos baseada em insumos, como o colágeno, usado tanto na indústria de papel e fotografias como na de cosméticos.

A Kodak tentou algo parecido. Buscou a sua porta de saída da crise na indústria farmacêutica, mas faltou velocidade para deslanchar. A empresa só lança algo no mercado depois que inúmeros testes lhe assegurem ter o melhor produto possível.

"A diferença fundamental entre a Kodak e a Fuji foi o estilo de liderança", afirma o conceituado consultor Clemente Nóbrega, ao explicar por que uma fez sua reviravolta e a outra ficou presa ao paradigma cultural de gestão e sucumbiu às forças do mercado.[40]

O fato de o Brasil ter deixado de ser um "país de baixo custo", devido à carga tributária, trabalhista, financeira e logística, tem colocado em xeque o modelo de negócios de várias empresas. Uma delas é a Vulcabras — a maior fabricante de tênis no país, com a marca Olympikus —, que deu início a um audacioso processo de reestruturação. Sem ter criado mudanças proativas, só restou ser reativa ao inevitável. Como bem afirmou o consultor de varejo Edson D'Aguano, "a Vulcabras aceitou a velhice".[41] Terá que se reinventar para sobreviver.

Os últimos exemplos se referem a mudanças reativas, promovidas depois de se deparar com adversidades. Vale a pena lembrar que viradas, tanto na vida de pessoas quanto na trajetória de empresas, podem ser proativas e acontecer em fase de crescimento ou quando não há fato novo no horizonte e tudo parece correr bem. Essas são as mais interessantes e construtivas. Insisto que o líder a ser valorizado não é apenas o herói que consegue salvar, de forma notável, a empresa em dificuldades, mas também aquele que leva sua empresa a se reinventar sempre de forma proativa, sem necessidades de viradas salvadoras.

Este capítulo apresentou situações e oportunidades de buscar um novo começo para nós e para as empresas às quais estamos vinculados.

Mas há outra pergunta importante a ser feita: "Devo dar uma Segunda Chance aos outros?"

A seguir, você vai começar a refletir sobre essa delicada questão, que envolve a capacidade de perdoar a si e aos outros.

Box do leitor

Passo #1: Liste três áreas nas quais você acha que deve se dar uma Segunda Chance:

1. ....

2. ....

3. ....

Passo #2: Agora, entre as três alternativas listadas acima, escolha uma área prioritária para focar seus esforços nas próximas semanas a fim de virar o jogo a seu favor, completando a frase abaixo.

Minha Segunda Chance prioritária é: ....

....

Passo #3: Complete as frases abaixo.

Meu maior medo é: ....

....

....

Se não tivesse medo disso, o que eu faria? ....

....

....

Capítulo 3

Devo dar a Segunda Chance aos outros?

“Pau que nasce torto
nem sempre
morre torto.”

"Você me dá uma segunda chance?", suplicou a um amigo meu o seu irmão, gerente de um sofisticado restaurante e também sócio no empreendimento. O pedido ocorreu após a descoberta de que fora traído por esse irmão-sócio na gestão do negócio.

Há dez anos, esse amigo tivera o sonho de construir e operar o restaurante especializado em frutos do mar, bem em frente à praia, em um famoso balneário. Trabalhou arduamente para transformar o sonho em realidade. Num salão amplo e agradável, de decoração simples, porém elegante, os clientes podiam apreciar a vista belíssima, o "doce balanço do mar" e até escutar o vaivém das ondas enquanto degustavam os saborosos pratos criados pelo *chef* cearense com formação na Cordon Bleu, na França. Serviço de primeira, garçons treinados pelo próprio dono. Até os manobristas haviam sido capacitados na arte do bom atendimento.

Toda a poupança desse amigo, reunida em mais de vinte anos de trabalho, foi destinada a esse sonho, visando a desenvolver uma alternativa para a sua aposentadoria. Porém, aos 45 anos, era jovem demais para sair de cena. A empresa onde ele fazia sua carreira de executivo bem-sucedido exigiu uma temporada no exterior. Foi quando começou a ter problemas com a gestão do dia a dia do restaurante.

Como tinha necessidade de fazer uma ligeira reforma no piso, aproveitou a baixa estação e pediu ao irmão que supervisionasse as obras. Agrônomo desempregado havia quase um ano, esse irmão vivia pedindo auxílio para pagar as contas da casa e a escola dos filhos. Tentava, assim, resolver dois problemas com uma só tacada.

O arranjo pareceu melhor que o esperado: obra entregue 15 dias antes do previsto, custos 20% abaixo do estimado, tudo bem-controlado; o irmão se esmerou na prestação de contas tim-tim por tim-tim. Daí a convidá-lo para ser o gerente foi um passo.

A título de estímulo, esse amigo prometeu dar ao irmão uma participação no negócio. E, num misto de boa-fé e ingenuidade, transferiu metade das cotas para o nome dele, com o compromisso deste de repassar uma parte equitativa das cotas para os outros irmãos. Além disso, acertaram uma retirada fixa mensal que permitisse ao irmão arcar com as despesas próprias e familiares. Confiante na gestão e nos bons resultados expressos em relatórios que ele olhava superficialmente — afinal, seu irmão de confiança estava à frente de tudo —, meu amigo passou a ir menos ao balneário. Dedicou-se ao seu emprego de diretor na firma em que trabalhava, focado naquela oportunidade surgida no exterior.

A grande surpresa aconteceu dois anos depois. Por acaso, ele descobriu que havia uma conta bancária em nome do irmão da qual não tinha conhecimento, e que os saldos financeiros exibidos nos relatórios que o irmão enviava de vez em quando não tinham lastro real. Foi pedir explicações. O irmão respondeu que era dono de metade do negócio e não tinha que dar satisfações a ninguém. De nada adiantaram as súplicas dos pais entristecidos e dos outros irmãos para que chegassem a uma solução harmoniosa.

Meu amigo resolveu, então, afastar o irmão do negócio. Teve de contratar uma assessoria jurídica para se defender, pois o esperto já estava representado por um advogado que o acusava de abandono do negócio e de danos morais causados pela auditoria que iniciara. Apareceu até um abaixo-assinado dos empregados, atestando que o gerente era bom e "estava sendo perseguido por ciúmes de quem vivia longe do dia a dia e só aparecia lá de vez em quando para comer bem e cobrar resultados".

Ficou claro, então, que aquele pedido por outra chance e o aparente arrependimento não passavam de artimanha do irmão ao perceber que a coisa estava fugindo de seu controle.

A alternativa que restou foi a de recomprar as cotas doadas ao irmão. Ou seja, teve de pagar — e caro — para ter de volta aquilo que concedera generosamente ao irmão quando este estava desempregado e pedindo ajuda de custo mensal.

O que você faria, leitor, se estivesse no lugar desse amigo? Daria a Segunda Chance ao irmão que o havia traído?

Situação semelhante viveu o cantor e compositor Chico César, que foi enganado pelos três empresários que gerenciavam sua carreira e suas finanças. Certa manhã acordou com um oficial de justiça concedendo-lhe 45 minutos para despejá-lo da sua casa em São Paulo e um caminhão na porta para levar os móveis. Os espertalhões financiaram o imóvel à revelia do artista e desviaram o dinheiro das prestações. Chico constatou depois que se trata de um golpe bastante comum no meio artístico.[1]

Os supostos empresários o procuraram para negociar e chegaram a oferecer quase a metade do valor que havia sido desviado. Muitos artistas temem a divulgação de fatos assim pela exposição pública e o risco de serem tachados de ingênuos e acabam desistindo de lutar pelos seus direitos.

Nesse caso, leitor, o que você faria? Aceitaria a proposta, de certa forma perdoando os sabichões, ou prosseguiria na denúncia, mesmo correndo o risco de prejudicar sua carreira?

Chico César não aceitou qualquer negociação. Anos depois, os acusados foram condenados a 18 meses de prisão, pena comutada pelo pagamento de 360 salários mínimos cada um, em processo que ainda tramita na justiça, em segunda instância.

O artista não se deixou abater, deu a volta por cima e afirmou certa feita: "Pode-se perder a casa, mas não a capacidade de construir tudo de novo."[2]

A quem me prejudicou?

Dar ou não dar a Segunda Chance a quem me prejudicou, eis um dilema existencial que muitas vezes nos corrói por dentro. Devemos dar a Segunda Chance...

...ao marido, à esposa, ao namorado(a) que nos traiu?

...ao pai, que nos magoou? Ao filho que nos decepcionou?

...a um subordinado que pisou na bola? Ao superior que cometeu injustiça?

...ao aluno flagrado colando na prova?

...ao jogador que falhou num momento decisivo da partida?

...ao condenado que cumpriu pena e reconquistou a liberdade?

...à pessoa que covardemente assassinou seu filho em um assalto?

Obviamente não existe resposta pronta e universal. O correto é "depende".

Há casos em que vale a pena aprender a perdoar, mesmo quem o lesou intencionalmente, pois, ao se libertar do sentimento de raiva e superar as mágoas e o desejo de vingança, você está na realidade dando uma Segunda Chance a você mesmo. Você vence o passado e pode seguir com sua vida.

Nesse sentido, perdoar intimamente pode ser um gesto de libertação, como demonstrou Carlinhos de Jesus na entrevista concedida a Clara Passi após o brutal assassinato do seu filho Dudu. “Ele diz que gostaria de se encontrar com o assassino — que nem ele, nem a polícia sabem ainda quem é. E que gostaria de perdoá-lo”, escreveu a jornalista. “Não desejo a morte para ele. Ele tem um pai e uma mãe, e ser humano algum merece sentir essa dor”, afirmou o coreógrafo.[3]

Se levarmos em conta a importância de aprender com os erros, perdoar também pode ser uma forma de educar quem errou e ajudá-lo a não repetir o mesmo equívoco. Assim, quando um pai, um professor ou um chefe dá uma Segunda Chance ao filho, aluno, subordinado, mais importante até do que a chance em si é comprometer o “beneficiário” a aprender com o erro. Trata-se, pois, de uma Segunda Chance qualificada: ela transcende a nova oportunidade e pode trazer ensinamentos para o futuro.

A regra de ouro deve ser a de perdoar apenas quem faz por merecer. E jamais perdoar quem não merece. Não o inverso. Mas como avaliar quem merece ou não nosso perdão?

É importante você identificar o sentimento mobilizado: raiva, culpa, inveja, generosidade.

Não é sadio dar a Segunda Chance movido pela raiva.

O ex-presidente americano Richard Nixon, que sofreu processo de *impeachment* em 1974 e foi afastado do governo, em um dos raros momentos iluminados de seu discurso de despedida, mas já tardiamente para ele, alertou: "Prestem bem atenção: outros podem odiá-lo. Mas os que o odeiam não vencerão. A menos que você os odeie. Aí você se destrói."

Tampouco é salutar dar a Segunda Chance motivado pelo sentimento de culpa pelas consequências negativas que a sua decisão pode trazer.

O bom-senso indica que devemos dar a Segunda Chance a quem pisou na bola de forma inadvertida e não intencional. E também a quem se arrependeu de verdade por algo que fez e deseja reparar o prejuízo emocional ou material causado.

A apresentadora de televisão e ex-modelo Xuxa Meneghel surpreendeu o público ao revelar em entrevista no programa *Fantástico*, da TV Globo, ter sido molestada na infância. Durante emocionado depoimento ela foi taxativa: "Eu fui abusada. Eu sei o que a criança sente. [...] a gente sente vergonha, acha que é culpada." Sente medo, até porque revelou que pessoas próximas a sua família — um namorado da avó, um amigo do pai e um professor — foram autores dos abusos que só pararam quando ela já tinha 13 anos. Mas Xuxa contou com sua mãe, dona Alda, cujo amor a ajudou a superar a terrível violência sofrida. No seu perfil do Twitter, dias após a entrevista, ela aconselhou que as crianças vítimas de abuso não se sintam culpadas e contem a seus pais o que estiverem sofrendo.[4]

Um caso sugestivo aparece no clássico *Os miseráveis*, do escritor francês Victor Hugo. Jean Valjean, condenado a 19 anos de prisão por roubar pão para alimentar a irmã e os sobrinhos e por sucessivas tentativas de fuga, é libertado. Marginalizado pela sociedade, é acolhido pelo bispo Myriel de Digne, que lhe oferece alimento e repouso. À noite, enquanto todos dormiam, Valjean foge com um faqueiro de prata. Mas é pego por policiais, que o levam de volta à casa do bispo. Para sua surpresa, o religioso não o acusa. Diz que foi um presente e ainda entrega a ele dois castiçais de prata. Esse episódio muda a vida de Valjean. Ele vai para uma cidade distante, monta uma fábrica próspera e se torna uma pessoa honesta e justa.

Mas nem precisamos ir tão longe, à França do século XIX. Vejamos a história de um rapaz acostumado a passar temporadas na Febem. Esteve na unidade de recuperação de jovens em várias capitais, sempre pelo mesmo motivo: era um incorrigível batedor de carteiras. Até que chegou a São Paulo e, num trem de metrô, tentou repetir o gesto em um desprevenido senhor. Porém, quis o acaso que ele fosse flagrado por outro passageiro e mais uma vez preso. No dia seguinte, cumpria sua sina na Febem da capital paulista quando a vítima foi até lá pedir a sua liberação, responsabilizando-se por reeducar o rapaz. Levou-o para casa, pagou escola e o ensinou a dirigir. Ele tirou carteira de motorista e virou taxista, criou filhos e se tornou um cidadão correto e cumpridor dos seus deveres.[5]

Você perdoaria Jean Valjean? E o adolescente que "batia carteiras" para sobreviver, mereceria a Segunda Chance? Você perdoaria os policiais que abateram a tiros o brasileiro Jean Charles dentro de um trem no metrô de Londres, julgando que ele fosse um terrorista?

Reflexões sobre o perdão

Algumas situações para você, leitor, avaliar e decidir se deve ou não dar uma Segunda Chance:

- Na escola, você foi prejudicado por um professor bastante rigoroso que o reprovou. Anos depois, você está brilhando profissionalmente e reencontra seu antigo professor, que se desculpa e pede que você o liberte da culpa que sente por tê-lo reprovado.

- Você foi abandonada pelo namorado, que estava saindo com outra. Algum tempo depois ele reaparece, diz que cometeu um erro e pede para reatar o namoro.

- Seu filho o humilhou na frente de outras pessoas numa festa... quando estava numa fase difícil, sob pressão na escola.

- Uma pessoa de sua equipe pegou uma ideia de um colega e a apresentou como se fosse de autoria própria, mas se arrependeu. Pede para continuar no emprego.

- Seu chefe a repreendeu duramente na frente dos colegas, mas depois se desculpou.

Ao responder, cuidado para não ser movido por sentimentos de culpa inadequados ou se deixar levar por psicopatas, manipuladores, coitadinhos e preguiçosos.

Será que, você, leitor, perdoaria o pai ou a mãe que o tivesse abandonado na infância? Esse é o tema do filme *Gonzaga — De pai para filho*, que está sendo rodado pelo diretor Breno Silveira. Inspira-se num depoimento gravado pelo cantor e compositor Gonzaguinha sobre o seu relacionamento com o pai, o também cantor Luiz Gonzaga, o famoso Rei do Baião.

Gonzaguinha foi abandonado pela família e criado no morro pela mulher de um amigo do pai. Segundo reportagem publicada no jornal *Folha de S.Paulo*[6], Gonzagão era um tipo complicado, que tinha dificuldades de relacionamento com mulheres e filhos e não há nem mesmo certeza de que seja realmente o pai biológico de Gonzaguinha.

Independentemente disso, o filho abandonado perdoou o pai, e os dois ícones da MPB fizeram as pazes. "Não importa se meu sangue corre nas suas veias ou não", Gonzagão aparece dizendo na cena final do filme. "Sou seu pai, e a gente tem de se entender como pai e filho."[7]

Já a personagem Rita, vivida pela atriz Débora Falabella na novela *Avenida Brasil*, da TV Globo, foi abandonada pela madrasta Carmem Lúcia (Adriana Esteves) em um lixão de subúrbio, mas jamais a perdoa e regressa à cena na pele de Nina, uma sofisticada cozinheira, para se vingar. Penetra na casa da nova família da madrasta como uma espécie de "cavalo de Troia", nessa tragédia que se anuncia no Divino, o bairro carioca da trama novelesca.

Algumas situações são ainda mais dramáticas. Avalie e decida, leitor, se deve ou não dar a Segunda Chance:

- Ao negligente comandante italiano Francesco Schettino, do navio *Costa Concordia*, que afundou no litoral do Mediterrâneo, e se recusava a voltar à embarcação para ajudar a tripulação e os passageiros em pânico, tendo sido responsabilizado pela morte de pelo menos 17 pessoas?[8]
- Ao ex-funcionário que sequestrou e matou o filho do patrão?
- Ao motorista embriagado que atropelou e deixou uma senhora de 75 anos em uma cadeira de rodas?

- Ao adolescente que, incentivado pelos pais, saiu por aí com um jet ski, sem ter habilitação, e causou um acidente que amputou o braço de seu marido ou esposa?
- Ao familiar ou amigo da família que abusa sexualmente de uma filha ou filho menor?

E, para terminar, um teste de fogo: se o ex-presidente Fernando Collor de Mello, que sofreu *impeachment* por envolvimento em uma série de malfeitorias, se candidatasse outra vez à presidência da República, você votaria nele?

E a quem eu prejudiquei?

Agora vamos inverter a situação. Quem prejudicou alguém foi você. É preciso decidir se você deve dar a essa pessoa uma nova chance e a você mesmo a oportunidade de se redimir.

Antes de responder, perceba que, em determinadas circunstâncias, não assumir o erro pode ser mais nefasto (e produzir mais estragos) do que o erro em si.

Lembro-me de um colega de trabalho que demitiu um membro de sua equipe porque este não entregou a tempo a documentação necessária para a formalização de uma proposta em uma concorrência para conquistar um importante contrato.

Quando o líder do projeto viu que a proposta técnica ficara pronta, mas os alvarás e atestados necessários não estavam disponíveis, quase enlouqueceu. Iniciou uma verdadeira caça às bruxas e obviamente sobrou para o mais fraco, uma jovem trainee, promissora, disciplinada, mas que foi logo tachada de "lenta, molenga, pouco comprometida, filhinha de papai, que nunca precisou trabalhar e por isso não se empenhara como devia para obter a documentação".

A moça tentou argumentar, o responsável pelo RH interveio, várias pessoas quiseram comprovar que ela havia se esforçado, mas o prazo era curto e havia um feriadão na semana anterior que atrasou tudo nas repartições públicas. Cego de raiva pela oportunidade perdida, o líder não quis saber de argumentos. Mandou demitir a moça, que saiu chamuscada da empresa. Em duas oportunidades, atendeu ligações de novos empregadores em busca de informações sobre a moça e deu a resposta padrão: "Boazinha, esforçada, mas lenta!"

Na reunião de final de ano, em um dos treinamentos sobre gestão do tempo, o coordenador do curso resolveu fazer uma sessão de *role playing* e pediu aos participantes que representassem situações difíceis vividas naquele ano. Ao final do exercício, quando ele de novo "demitiu" um jovem rapaz que encenava com ele a situação, um dos membros questionou por que ele não havia planejado antes a participação na concorrência e deixara para a última hora a decisão e a solicitação de documentação, sabendo que haveria um feriadão na semana seguinte. Outro perguntou por que ele pedira a documentação a uma novata e não a alguém mais experiente ou ao departamento jurídico da empresa, já que aquele contrato parecia tão importante. E o coordenador do curso arrematou: "Se a moça errou, você já a puniu. E se você também errou, que punição você mereceria?"

Ele inicialmente desabou, submergiu, mas logo depois irrompeu com uma proposta que comoveu a todos: "Minha maior punição é admitir que errei. Vou chamar a moça de volta para trabalhar conosco!"

Aplaudido por todos, convidou a moça, que voltou a integrar a equipe. Ele então passou a gerenciar melhor seu tempo e suas demandas, distribuindo melhor os serviços com os membros de sua equipe. Um final feliz para uma história malconduzida. Não assumir o erro poderia produzir mais estragos na carreira do líder do projeto do que o erro em si.

Vale a pena fazer uma breve reflexão sobre a natureza do erro humano. Temos enorme prazer em achar que estamos sempre certos, e a possibilidade de errar ou de ter cometido erros nos perturba bastante, como registra a jornalista Kathryn Schulz no livro *Por que erramos*.[9] Infelizmente, porém, errar não é tão anormal assim. Todos nós erramos numa frequência muito maior do que gostamos de admitir. Talvez essa seja a razão pela qual demoramos a aceitar nossos erros, somos implacáveis com os dos outros e muitas vezes disfarçamos ou escondemos os nossos até de nós mesmos.

O mais complexo, segundo a autora, não é quando erramos sobre fatos — o nome de alguém, uma data, o resultado de um jogo de futebol —, mas quando erramos sobre uma convicção pessoal, uma crença. Daí a importância de reconhecermos a origem de alguns tipos de erros.

Podemos, em um lado extremo de um *continuum*, errar por distração, por falta de informação, por sermos induzidos ao erro, por manipulação de terceiros. Mas, no outro extremo, podemos errar por acreditarmos em algo que depois se provou não ser verdadeiro.

Talvez não haja a intenção inicial de prejudicar alguém. Mas em outro momento, pessoas às vezes são prejudicadas mesmo sem desejarmos. Alguns erros que cometemos inadvertidamente podem levar a consequências não intencionais aos outros. Qualquer que seja a origem do erro, somos responsáveis pelo impacto que ele causa nos demais.

A questão essencial passa a ser, então: o que fazer quando nosso erro prejudica outra pessoa?

A percepção do erro pode ser traumática e baixar nossa autoestima ou nos tornar mais leves e autoconfiantes. Em outras palavras, podemos assumir a leveza da descoberta ou nos mortificar com ela, carregando a culpa pelo resto das nossas vidas.

No que se refere ao efeito sobre o outro, existe sempre a possibilidade de corrigir erros e injustiças e escrever um final diferente para uma história malresolvida.

A consagrada escritora e colunista Lya Luft faz uma provocante especulação sobre como seria bom fazer uma *errata* para analisar erros que cometemos na vida: "Uma errata para as muitas decisões atrapalhadas, tantas indecisões desnecessárias, tantas lágrimas por tolices e tanta mágoa por infantilidade. Errata para os erros e também para o que não foi erro, mas desatenção, inabilidade, incompetência mesmo. Mas como a vida não é uma dissertação de mestrado, nem tese de doutorado... já que ela é uma batalha que nem sempre se vence, não adianta querer escrever errata alguma. *É preciso contar com o perdão dos outros e a anistia da gente mesma.*"[10]

Corrigindo erros e injustiças

Vejamos algumas situações em que você pode ter cometido um erro e de alguma forma prejudicado alguém, e nas quais seria salutar resgatar o acontecido e transformá-lo numa oportunidade de uma nova chance, não apenas para a outra pessoa dar a volta por cima de uma injustiça, mas para você também se redimir:

- Você é professor, e um aluno seu perdeu o ano porque você foi rigoroso demais. Você agora deve manter a moral perante os outros ou ser flexível e ajudar o estudante?
- Você é o chefe e humilhou um funcionário na frente dos outros. Ele se demitiu. Agora você percebeu que a atitude foi errada. Deve trazê-lo de volta? Como ficará perante sua equipe?
- Você é pai e foi injusto com seu filho, cortou a mesada e o direito dele de usar seu carro. O garoto se revoltou, foi para a casa dos avós, bateu o carro deles. O que você deve fazer?
- E, num caso extremo: você matou uma pessoa em um acidente, sem intenção de fazê-lo. Você merece a Segunda Chance?

A propósito, há uma cena memorável em *A missão* (1986). O filme, dirigido pelo britânico Roland Joffé e vencedor da Palma de Ouro de Cannes em 1987, transcorre na América do Sul no final do século XVIII. O mercador de escravos Rodrigo Mendonza, interpretado por Robert De Niro, na disputa pelo amor de uma mulher, entra num duelo com o irmão e provoca sua morte. Tomado por uma crise de consciência, Mendonza não come, não quer mais viver. O jesuíta Gabriel (Jeremy Irons) o convence a acompanhá-lo até a missão para pedir perdão aos índios, que antes perseguia. Ele vai carregando uma mochila cheia de pedras. Ao subir a montanha, cai dezenas de vezes, levanta e não desiste até que, numa cena emocionante, um índio corta as alças da mochila com uma faca e o livra daquele fardo. Mendonza chora convulsivamente, num momento de profunda redenção. Moral da história:

mesmo acontecimentos trágicos não conduzem obrigatoriamente a um desfecho infeliz.

Repito: existe sempre a possibilidade de corrigir erros e injustiças. Não abra mão de reconhecer o seu erro, perdoar-se e dar nova chance a pessoas que você tenha prejudicado, mesmo que involuntariamente. Se elas merecerem, é óbvio!

Quando não vale a pena

Há casos em que dar a Segunda Chance ao outro talvez não seja o mais correto. Você pode estar estimulando comportamentos disfuncionais e até mesmo doentios. E assim incentivar a atuação de um mau-caráter ou até mesmo de um psicopata, às vezes disfarçado de vítima.

Aliás, é melhor manter distância desse time de "personagens":

- **Psicopatas**. Algumas pistas denunciam características de psicopatia desde a infância até a vida adulta, conforme explica a médica Ana Beatriz B. Silva no livro *Mentes perigosas — O psicopata mora ao lado*: mentiras frequentes, crueldade com colegas, irmãos e animais, condutas desafiadoras às figuras de autoridade (pais e professores), impulsividade e irresponsabilidade, baixíssima tolerância à frustração (com acessos de fúria quando contrariado), tendência a culpar os outros pelos próprios erros, insensibilidade ou frieza emocional, entre outros.[11]

- **Manipuladores.** Um marido que vive encostado, um parente oportunista, um colega de trabalho aproveitador.

- **Vítimas "profissionais"**. São os que adoram se fazer de coitadinhos, de sofredores.
- **Enganadores.** "Foi só uma noitada de sexo", diz o maridão. "Amor mesmo eu sinto é por você!" E o sujeito segue aprontando...

Tenha cuidado! A generosidade descabida pode levar a um comportamento inadequado e até mesmo irresponsável. Há risco de "dar asas à cobra" e esta vir a preparar novos botes no futuro, se não em você, nas outras pessoas.

Mas o perigo não vem apenas dos "inimigos" externos, contra os quais precisamos nos precaver. É preciso atenção também para não se deixar abater pelos adversários dentro de nós mesmos, os nossos "dragões internos", tema do próximo capítulo.

Box do leitor

1. Lembre uma situação em que você foi prejudicado por alguém.
· Decida se você vai dar a Segunda Chance a essa pessoa.
· Se sim, liste três ações que tomará imediatamente.

....

....

....

2. Lembre-se de uma situação em que você prejudicou alguém.
· Decida se vai dar a Segunda Chance a essa pessoa.
· Se sim, liste três ações que tomará imediatamente.

....

....

....

3. Identifique pelo menos um erro que você tenha cometido nos últimos meses.
Você consegue imaginar uma forma de reparar esse erro?

Capítulo 4

Liberte-se dos seus "Dragões Internos"

"Santo de casa ~~não~~
faz ***sim*** *milagre."*

São Jorge, o santo popular cultuado na Turquia como "Jorge da Capadócia", enfrentou e venceu o dragão da maldade. Da mesma forma, cada um de nós precisa derrotar os "dragões internos" que nos consomem e nos impedem muitas vezes de sermos mestres de nossas vidas. Precisamos superar esses obstáculos ocultos às tentativas de criar as nossas Segundas Chances.

Vencer esses "inimigos" pode tomar a forma de superar preconceitos, desenvolver maior grau de inteligência emocional, encarar aqueles pontos cegos que podem nos levar à autossabotagem, buscar maior equilíbrio nas diferentes dimensões da nossa vida.

Temos uma tendência quase instintiva de buscar nos outros (ou em circunstâncias externas) a causa de nossos problemas, a explicação para nossa incapacidade de realizar nossos sonhos, de cumprir nossas metas ou de dar uma guinada em nossas vidas.

São os famosos "bodes expiatórios", os álibis, as desculpas que formulamos para nos acalmar. É mais fácil atribuir a culpa ao governo, à taxa de juros, à empresa na qual trabalhamos ("lá não consigo realizar meu potencial"), ao chefe ("insuportável e invejoso, além de limitado é centralizador"), ao concorrente ("está conquistando fatia no mercado por meio de práticas sujas"), à tecnologia ("muda toda hora, nos pegando de surpresa"), à legislação ("antiquada e contraproducente"), à mulher ("não me deixa fazer o que gosto"), ao ex-marido ("sou infeliz, não consigo fazer mais nada na vida desde que nos separamos"). Às vezes, responsabilizamos a natureza ("choveu e destruiu tudo" ou "não chove e fica tudo seco") ou até mesmo Deus ("Ele quis assim, só me resta cumprir os Seus desígnios").

O principal empecilho para virar o jogo da vida a nosso favor reside, na realidade, dentro de cada um de nós: nosso modelo mental, valores, crenças, dogmas, atitudes e posturas. Acreditamos tanto em algumas verdades que acabamos prisioneiros delas — "Em time que está ganhando não se mexe!", por exemplo. "Manda quem pode, obedece quem tem juízo!" é outro exemplo, entre vários: "Sou pago pra fazer e não pra pensar", "Devagar e sempre a gente chega lá", "Lugar de mulher é na cozinha!", "Dessa vida nada se leva!", "Há 15 anos faço assim, por que mudar agora?". Essas pérolas dos ditos populares ilustram bem a atitude de passividade, acomodação e determinismo que norteiam os comportamentos de muita gente.

Também é comum ficar acorrentado ao passado, dirigindo a vida pelo espelho retrovisor. Precisamos aprender que *história não é destino*. E assumir as rédeas do nosso futuro. Só assim poderemos lutar pelas guinadas que precisamos promover para realizar nossos sonhos. Afinal, o importante não é de onde você veio, nem onde está. O importante é aonde você quer chegar!

Mas para "chegar lá", aonde queremos e sonhamos, precisamos vencer nossos "dragões internos".

Vamos, então, olhar mais de perto alguns desses nossos inimigos nem sempre visíveis.

Cuidado com a autossabotagem

A autossabotagem é um processo inconsciente que dificulta a mudança, porque a pessoa tende a repetir comportamentos em ciclos que a prejudicam sem perceber que isso acontece.

Os pensamentos relacionados abaixo oferecem indícios de autossabotagem:

- "Primeiro você. Não se preocupe comigo, eu prefiro ficar por último."
- "Eu não mereço mais do que isso."
- "Não tenho que dar satisfação a ninguém, nem a mim mesmo."
- "É muita areia para o meu caminhão."
- "Eu não perdoo nunca, nem a mim mesmo."
- "Eu sempre me dou mal, já estou acostumado. Nunca chegarei a lugar nenhum."
- "Segunda-feira eu começo." / "Amanhã a gente vê isso."

Certas atitudes também podem sinalizar a autossabotagem, como a dispersão, a falta de foco, o autoengano e a procrastinação. Vou me deter nesse último inimigo, pelo impacto negativo que exerce sobre a gestão do tempo.

Procrastinar é adiar, deixar sempre para depois, em geral para a última hora, quando não tem mais jeito. O equivalente popular seria "empurrar com a barriga". Pode ocorrer no trabalho, ao deixar os relatórios em cima da hora. Também em casa, na escola, na família, no lazer, no guarda-roupa desorganizado, na limpeza da casa. Pode ser ao protelar exames e cuidados com a saúde. Ao evitar uma conversa importante com o cônjuge, os filhos e os parentes. Ao estudar só na véspera da prova. Quem se comporta assim está procrastinando.

Como reconhecer e quebrar a repetição desses comportamentos autodestrutivos? "É preciso descobrir a origem dos conflitos inconscientes, entender as razões subjacentes àquele comportamento, tornar consciente o que não está tão claro e auxiliar o indivíduo a perceber a si mesmo e o mundo à sua volta de maneira diferente", explicam o psicólogo Stanley Rosner e a escritora Patricia Hermes no livro *O ciclo da autossabotagem*.[1] Ambos insistem que não se trata de um exercício intelectual, pois se o reconhecimento não for internalizado, sentido e elaborado, nada vai mudar.

No que se refere ao uso inadequado do tempo, a solução para matar esse dragão é questionar suas desculpas, tirar da frente as distrações, tentar manter o foco, descomplicar a vida e dar-se prêmios por tarefas cumpridas. Precisa ir ao dentista, mas adia sempre? Na próxima vez que conseguir ir, na saída se dê um CD do seu artista favorito de presente — uma pequena indulgência faz bem e reforça comportamentos desejados.

Mais importante: descubra a raiz dos motivos que levam a protelar tudo: medo de errar? Temor do sucesso? Perfeccionismo? Déficit de atenção? Se necessário, procure ajuda médica ou psicológica.

Inimigos a vencer: sentimentos e crenças limitadores

Geralmente eles estão por trás de fracassos que se repetem ou de tentativas abortadas logo no início. A primeira ação para vencê-los é tomar consciência de sua existência:

- Tripé de sentimentos: medo, culpa e raiva;
- A armadilha dos "ismos";
- Apego à "zona de conforto";
- Falta de equilíbrio nas dimensões da vida;
- Incoerência entre o que *diz* e o que *faz;*
- Ilusões;
- Promessas não cumpridas;
- Obstáculos particulares.

Tripé de sentimentos: medo, culpa e raiva. Os três formam o tripé do desequilíbrio, de acordo com o conhecido *headhunter* e consultor Robert Wong, autor do best-seller *O sucesso está no equilíbrio.* Ele afirma que o medo deixa as pessoas inoperantes, indecisas. Insiste, porém, que 90% dos nossos medos são virtuais, frutos de dores passadas e projetadas no futuro. A raiva também é paralisante, prejudica o raciocínio e o pensamento, o que favorece a derrota. E a culpa é total perda de tempo. "Já aconteceu, não tem mais como consertar." Para ele, o que resolve é "se des-culpar e aprender a lição".[2]

É preciso considerar, ainda, que mágoas acumuladas podem levar a explosões violentas. Ou estimular comportamentos visando a aliviar a culpa. Nesse sentido, a ação comum é penitenciar-se, pagar um preço. "Às vezes, o preço é a inabilidade do indivíduo de vivenciar o prazer e a tranquilidade, mas também de apreciar a própria vida", afirmam Rosner e Hermes.[3] Todos, em algum momento, sentimos culpas, maiores ou menores, que nos fazem sofrer ou agir de forma nem sempre justificável. Como bem afirmou o palestrante e autor Eugenio Mussak, "só os psicopatas são imunes à culpa, pois são insensíveis ao mal que causam aos outros".[4]

A armadilha dos "ismos". Há um rol de atitudes que podem ser bastante nocivas para o Projeto Segunda Chance. Faça um diagnóstico: alguma delas traduz a sua postura de vida?

- Comodismo;
- Negativismo;
- Individualismo;
- Paternalismo;
- Imediatismo;
- Fatalismo.

Minha sugestão para bloquear esse dragão é que todos os envolvidos na construção da sua Segunda Chance adotem uma espécie de grito de guerra: "*Ismo* não é comigo!"

Apego à "zona de conforto". Calma e segura, a zona de conforto é como uma gaiola dourada onde vive o canário, com poleiro de jacarandá, cercado de toda a comodidade. No entanto, tudo ali é previsível e limitado. Quem não pretende se acomodar e almeja a Segunda Chance deve ter a coragem de sair da gaiola e se lançar como o sabiá, em busca de outras árvores, novas experiências.

Muitas vezes uma pessoa fica em um cargo durante muito tempo na empresa em que trabalha, como o canário da gaiola. Pode tentar participar de um novo projeto de expansão da empresa e aceitar um cargo no exterior, por exemplo. Deixar de ser canário e passar a ser um sabiá pode enriquecer sua vida.

Falta de equilíbrio nas dimensões da vida. A vida não se resume ao sucesso profissional. Há outras esferas a serem atendidas que podem guardar as oportunidades para guinadas: na família, na comunidade, na saúde e qualidade de vida, no relacionamento com amigos, na vida espiritual, na realização financeira, na cidadania etc. O desequilíbrio prejudica bastante as forças que precisamos mobilizar na hora da virada. Tente por exemplo voltar a conviver com amigos fora do seu ambiente de trabalho e da sua profissão, ou participar de um projeto comunitário no seu bairro. Iniciativas assim aumentam o grau de equilíbrio da sua vida e podem ser úteis até mesmo no trabalho. Você vai se sentir melhor, mais autoconfiante, e isso ajudará seu desempenho profissional.

***Incoerência entre o que* diz *e o que* faz.** Esse é um dos maiores problemas que têm enfraquecido pais, chefes e professores. A geração mais jovem está muito atenta a sinais de incoerência e questiona a legitimidade das lideranças sempre que percebe que há uma diferença entre o que é dito e feito. Tente ser coerente e, quando não for, saiba ouvir, reconheça e tente mudar em busca da convergência entre seu discurso e suas ações.

Ilusões. Muitas vezes lançamos mão de argumentos, desculpas e supostas estratégias que não têm lastro. Servem apenas para nos iludir. Perdemos o foco e vamos nos enganando, sem fazer o que precisa ser feito. Eis alguns exemplos:

- "Preciso fazer um curso de gestão do tempo." (Será que você não vai perder mais tempo?)
- "Daqui pra frente vou trabalhar menos." (Você de fato acredita nisso?)
- "O jeito é esperar a sexta-feira, o *happy hour*." (*Happy hour* não é felicidade, apenas uma compensação, uma indulgência à pressão e infelicidade no trabalho.)
- "Vai melhorar. Depois da tempestade vem a bonança." (É muito difícil uma situação desagradável mudar se não houver uma atitude nesse sentido.)

Pare de se iludir, assuma a realidade e lute para melhorar o seu ambiente de trabalho, as prioridades no uso do seu tempo, entre outras mudanças que precisa promover no seu cotidiano.

Promessas não cumpridas. Não é segredo para ninguém que hábitos saudáveis andam de braços dados com a qualidade de vida. Contudo, o que deveria ser nosso grande aliado passa a ser mais um fantasma a nos rondar.

Todo final de ano somos craques em nos fazer promessas de mudanças de hábitos que nunca concretizamos:

- Parar de fumar;
- Fazer exercícios físicos;
- Seguir alimentação mais saudável;
- Perder peso;
- Ficar mais tempo em casa, com a família;
- Praticar o hobby preferido;
- Conviver mais com os amigos.

Mas na primeira segunda-feira útil do ano tudo volta ao normal, ou seja, nada muda. Sozinho é mais difícil mudar. Arranje um cúmplice no seu projeto de mudança e, em contrapartida, seja o fiel depositário do desejo de mudança desse alguém. Ajudem-se, então, a dar um passo cada um na direção do que desejam.

Obstáculos particulares. Características pessoais às vezes podem boicotar de tal maneira o projeto de mudança que precisam ser derrotadas como dragões. A lista é extensa. Vou destacar apenas as mais prevalentes e impactantes: baixa autoestima, timidez, falta de assertividade, fobias, arrogância, mau humor, mentiras. Não existe receita pronta nem fórmula fácil para demolir esses obstáculos. Talvez o melhor seja procurar a ajuda de um especialista ou de alguém em que você confia.

O valor do autoconhecimento

Não poderia concluir essa lista de "dragões internos" a serem vencidos sem mencionar uma das principais competências que o ser humano precisa adquirir para fazer face às vicissitudes da vida: a façanha do autoconhecimento.

Falo no autoconhecimento como uma "façanha" porque não é tarefa fácil, nem algo que se aprenda em sala de aula. Trata-se de uma atitude duradoura perante a vida, que permite aprender, de forma contínua, sobre si mesmo, e permanecer em constante estado de alerta para diagnosticar e vencer novos fantasmas, monstros e dragões.

Grande parte dos problemas empresariais decorre do fato de que as lideranças hoje podem até conhecer muito bem o cliente e a conjuntura, mas falta conhecer a si mesmo. Como administrar os outros se não souber gerir a si próprio? O autoconhecimento traz autoconfiança, e com ela é possível aumentar suas chances de chegar aonde você quiser. O que não impede de solicitar ajuda, quando houver necessidade.

O autoconhecimento é um dos fatores que o palestrante e autor Eugenio Mussak chama de "metacompetência", através da qual você pode exercer melhor suas habilidades e expertises.[4]

Quem consegue se libertar e liderar a si mesmo por meio do autoconhecimento tem condições de ajudar os outros a se libertarem, criando forças saudáveis que auxiliam a realizar sonhos e construir Segundas Chances.

É fundamental sermos mestres de nós mesmos, demonstrarmos coerência entre o que dizemos e o que fazemos. Precisamos inspirar os outros pelo exemplo e garantir harmonia nas diferentes dimensões da nossa vida. Precisamos liderá-la. Isso requer uma profunda percepção de nossas emoções, pontos fortes e fracos, bem como do impacto dos nossos impulsos, desejos e necessidades.

Quem se conhece bem sabe aonde quer chegar e por quê. Assim, é capaz de recusar ofertas tentadoras que o desviam do caminho desejado e dos seus princípios e objetivos de longo prazo. Por outro lado, quem não se conhece acaba tomando decisões que geram insatisfação interior por ferirem valores e desejos.

Libertar-se dos "dragões internos" que nos prejudicam e tiram o nosso foco é uma das chaves do sucesso para virar o jogo em seu favor no trabalho, na família e na vida pessoal.

Uma vez livre desses empecilhos invisíveis, prepare-se para decolar rumo à construção da sua Segunda Chance.

Box do leitor

Liste os três principais "dragões internos" que você precisa derrotar:

1. ....

....

2. ....

....

3. ....

....

Capítulo 5

Prepare-se para decolar

“Deus ~~não~~
só *dá asas ~~à cobra~~*
a quem quer voar.”

Uma grande virada produziu Vasco Carvalho Oliveira Neto, fundador e principal executivo da AGV Logística. A empresa, sediada no município de Vinhedo, no interior paulista, é líder no seu nicho de mercado em soluções logísticas no país.

Único homem entre os cinco filhos de uma família de fazendeiros, desde cedo foi preparado pelo pai para ser seu braço direito e sucessor. Na infância e adolescência, acompanhou a expansão e o declínio do frigorífico da família, que além de possuir vários pontos de distribuição e abate no Brasil exportou para diversos países da Europa. Mas enfrentou uma concordata em 1988 e, endividado, precisou encerrar as operações da principal unidade, em 1994. Na época, Vasco cursava administração de empresas na Fundação Getulio Vargas (FGV) e direito na USP, no Largo São Francisco, na capital paulista. Ajudou o pai a conseguir empréstimos para pagar as rescisões dos funcionários e a parcelar as dívidas com credores.

Depois, tornou-se o braço direito do diretor de operações do Mappin/Mesbla, que nessa época contava com mais de 12 mil funcionários. Após a aquisição da Mesbla, o grupo se viu em várias dificuldades financeiras e, mais uma vez, precisou negociar com fornecedores e credores. Teve, então, a ideia de iniciar um empreendimento com a mãe e as irmãs nas antigas instalações do negócio em Vinhedo: alugar espaço para armazenagem de produtos frigorificados.

A perda do principal cliente, no entanto, levou à descoberta da real vocação: tornar-se uma empresa de logística. Em 1999, a AGV decidiu focar no mercado de medicamentos veterinários, até então deixado de lado pelos demais operadores logísticos. Mas a decisão mais importante, segundo Vasco, foi operar sem ativos e focar na inteligência da cadeia produtiva. Em vez de comprar caminhões e armazéns, passou a gerir ativos de terceiros, conforme as demandas dos clientes. Isso trouxe flexibilidade e permitiu um crescimento rápido sem a necessidade de grande capital. Em sete anos, a AGV partiu do zero e chegou ao topo do mercado. Em 2006, passou a focar em outros setores, como saúde e nutrição animal, saúde humana, cosméticos, serviços bancários e automotivos, tecnologia. Desde então tem registrado um crescimento fabuloso.

"Vejo a vida como um campeonato de futebol. Vence o time mais preparado, mais coeso e que tiver o melhor elenco. Sorte ajuda, mas não ganha campeonato longo e por pontos corridos", afirma Vasco. Para ele, a verdadeira sorte é o encontro da oportunidade com a preparação: "Se você está determinado, as oportunidades sempre aparecem. Quem se esforça e se prepara tem sorte. Eu sou uma pessoa de muuuuita sorte!"[1]

Ao contrário de Oliveira Neto, tem gente que fica estagnada. Não gosta de se mexer. Detesta mudanças. O "modelo mental" dessas pessoas parece inspirar-se na *síndrome da Gabriela*, personagem imortalizada pelo escritor baiano Jorge Amado e retratada na modinha escrita por Dorival Caymmi e cantada por Gal Gosta: "Eu nasci assim, eu cresci assim e sou mesmo, sim, vou ser sempre assim..."

Esse modelo mental pode ser sintetizado em frases que bem ilustram o estado de espírito das pessoas que não conseguem dar uma guinada na vida:

- “Isso não vai dar certo!”
- “Sempre foi assim, por que mudar?”
- “É muito tarde para mudar.”
- “Isso não é pra mim.”
- “Cada macaco no seu galho.”
- “Você é pago pra fazer e não pra pensar.”
- “Manda quem pode, obedece quem tem juízo.”
- “Em time que está ganhando não se mexe.”

Mas também tem muita gente que atua, “se mexe, se vira”, não se acomoda. O modelo mental dessas pessoas pode ser ilustrado pelas seguintes frases:

- “Em time que está ganhando é que se mexe.”
- “Antes tarde do que nunca.”
- “Quem não arrisca não petisca.”
- “Quem sabe faz a hora, não espera acontecer.”
- “Levanta, sacode a poeira, dá a volta por cima.”
- “Sou mais eu e dou o empate.”
- “Não sabia que era impossível, fui lá e fiz.”
- “Iniciativa, criatividade, proatividade fazem a diferença.”
- “Mudança é a única coisa permanente.”

Capriche no seu kit viagem

Antes de deflagrar ações para construir o seu novo caminho é fundamental se preparar e reconhecer tanto os obstáculos internos quanto as forças de que dispomos. Portanto, para aumentar suas chances de sucesso no desafio de criar novas possibilidades na sua vida, convém refletir sobre dois conjuntos de fatores: o que você precisa garantir e o que seria bom eliminar antes da decolagem.

Vamos começar com alguns fatores que você precisa garantir — uma espécie de *kit viagem* — para decolar rumo à sua Segunda Chance:

- Conquiste aliados;
- Crie uma rede de proteção;
- Disponibilize recursos: tempo e dinheiro;
- Aconselhe-se com um especialista, se necessário;
- Desenvolva um arsenal de atitudes construtivas;
- Sue a camisa: ensaie muito para a "hora da verdade".

Conquiste aliados. Uma das regras de ouro para aumentar a possibilidade de sucesso na construção de uma nova chance é ter fortes aliados nas mudanças que serão necessárias. É bom estar cercado tanto de pessoas que nos apoiam na hora da verdade quanto de pessoas que nos inspiram na hora das escolhas.

Desde que, é claro, elas torçam por seu sucesso, deem um beijo lhe desejando boa sorte, ofereçam o ombro para você desabafar, vibrem com as suas vitórias e até se disponham a atuar como o "advogado do diabo", o que é muito útil, já que as críticas estimulam a revisão dos planos e a reavaliação do momento adequado para certas decisões e ações. É fundamental ter alguém com quem compartilhar os planos, as ideias, as intenções.

Tive vários aliados e mentores ao longo da minha trajetória, pessoas que me inspiraram em vários momentos críticos de virada. Atualmente, conto com muitos parceiros e aliados em diversos projetos e aprendo com eles no dia a dia. Alguns são empresários e executivos. Outros são colegas de profissão. Meus sócios na Empreenda. Minha mulher.

Enfim, as janelas e portas que se abriram para mim ao longo da minha trajetória contaram com a ajuda decisiva de aliados e parceiros que me ajudaram a viabilizar as mudanças que têm caracterizado minha história.

Crie uma rede de proteção. É preciso estar preparado para o momento da virada. Sentir coragem, ter noção de *timing* e contar com um plano alternativo caso algo dê errado. Nunca abra mão de ter um plano B para todos os momentos importantes da sua vida.

Disponibilize recursos: tempo e dinheiro. Do que você precisa para dar o primeiro passo? Numa viagem tradicional são imprescindíveis mapa, bússola, âncora, bom condicionamento físico. A "viagem" em direção à Segunda Chance pode requerer tempo considerável. Não se consegue mudar de profissão ou se dedicar a um projeto relevante tendo como base apenas os momentos de lazer, ou as horas fora do expediente normal de trabalho. Não devemos tratar o Projeto Segunda Chance como um "bico" no nosso tempo, só cuidar dele nas horas vagas.

Em alguns casos, talvez seja necessária a disponibilização de capital. Sempre é bom ter uma poupança, aplicações e bens materiais com alta liquidez, dos quais você possa abrir mão na hora de viabilizar seu Projeto Segunda Chance. Ter um lastro razoável que lhe garanta certo tempo de sobrevivência sem depender de outras fontes pode aumentar sua segurança e autoconfiança. E ainda traz tranquilidade para lutar pelo que considera certo, no tempo certo.

Aconselhe-se com um especialista, se necessário. A guinada sempre traz certos desconfortos. Afinal de contas, deixamos para trás uma realidade com a qual estamos habituados, uma forma de pensar e de agir tão familiar que às vezes se torna até "automática". Em algumas circunstâncias, pode ser necessário ter a nosso lado um conselheiro profissional, um *personal trainner*, uma nutricionista, um terapeuta, um professor ou especialista no assunto. Peça auxílio, se for o caso.

Sue a camisa: ensaie muito para a "hora da verdade". O jornalista norte-americano Malcolm Gladwell, no seu ótimo livro *Fora de série*, deu uma boa contribuição ao entendimento de como certas pessoas obtêm sucesso. Não se trata de sorte. Mas de bastante preparação.[2]

Sugiro que você releia o relato de Vasco Oliveira, com o qual abri este capítulo. Será que ele é realmente uma pessoa de muuuuita sorte? Ou de muuuuita labuta? Ou uma combinação de ambas?

Suor e inspiração andam de mãos dadas nos casos de sucesso. Gladwell demonstra como várias pessoas bem-sucedidas gramaram muito e tiveram o que ele chama de "dez mil horas de preparo" antes de explodir como um hit. Assim foi com os Beatles.

Antes da turnê que os consagrou nos Estados Unidos em 1964, haviam tocado mais de dez mil horas nos barzinhos de Liverpool, na Inglaterra, sua terra natal, e em Hamburgo, na Alemanha.

Um exemplo emblemático aqui no Brasil é o de Oscar Schmidt, famoso jogador de basquete que vestiu a camisa da seleção brasileira de 1979 a 1996. Oscar sempre treinou muito, e após os treinos normais da equipe só saía da quadra quando completava quinhentas cestas de três pontos cada, com arremesso livre de fora da área. Por isso, quando os jornalistas começaram a chamá-lo de "Mão Santa", ele respondia: "Santa, não! Mão Treinada!"[3]

Entendeu o conceito das dez mil horas? E você, quantas horas tem dedicado ao seu Projeto Segunda Chance?

Desenvolva um arsenal de atitudes construtivas

É comum encontrar um conjunto de atitudes e posturas entre pessoas vencedoras. Além de construtivas, elas são diferenciadoras. Diria até que a presença delas é inerente ao sucesso:

- *Brilho no olho, faca nos dentes.* Penso sempre em Milton Nascimento com sua bela música, "Fé cega, faca amolada". A vontade de fazer acontecer é o motor que move o mundo. Paixão, entusiasmo, dedicação, preparo.

- *Determinação e perseverança.* A Segunda Chance não acontece com quem tem o hábito de "jogar a toalha" quando as dificuldades aparecem.

- *Criatividade e inovação.* Mesmice não rima com competitividade. Diversidade, sim, rima muito bem.

- *Coerência.* Andar em zigue-zague não conduz à nova oportunidade na vida. É mais sensato planejar bem antes e, quando começar o jogo, ir firme, ajustando sempre, mas evitando a insegurança do comportamento titubeante.
- *Disposição para aprender.* O conhecimento é perecível; já a capacidade de aprendizagem é um bem durável.
- *Inteligência integradora.* A habilidade de juntar elementos, linguagens ou áreas do conhecimento (somada ao aprendizado contínuo) está na base das descobertas científicas e das maiores criações artísticas. Permite unir o que parecia inconciliável, dar um salto em direção ao próximo patamar da vida.

Solte suas amarras

O motor para sua virada também pode ser o desapego: livrar-se de algo ou de algum vínculo. Por exemplo, terminar um relacionamento sem reciprocidade; sair de um emprego improdutivo; superar a dependência de algum tipo de droga, cigarro ou bebidas para reconquistar a saúde; mudar de médico ou terapeuta; saldar uma dívida; despir-se de preconceitos, ideias, dogmas; jogar fora conhecimentos obsoletos.

A principal ação talvez seja eliminar atitudes e hábitos que já não servem mais. Perder muito tempo vendo programas de TV que não acrescentam nada ou o péssimo costume de cuidar mais dos problemas alheios do que dos próprios, só para citar dois exemplos.

Uma amiga sempre se queixava da falta de tempo para escrever um livro, um sonho antigo que acalentava. Perguntou-me se eu conhecia algum curso de "gestão do tempo". Respondi que ela talvez perderia mais tempo ainda fazendo tal curso. Melhor, talvez, seria um curso para "aprender a dizer não". Ela se aborreceu comigo.

No dia seguinte mandei-lhe flores com um bilhete: liste três coisas que você precisa deixar de fazer e três "nãos" que você precisa dar ainda hoje a pessoas ou projetos que estejam tirando o seu foco. Mais tarde, ela me ligou e confessou uma das coisas que já estava deixando de fazer: tenho o hábito de ler quatro jornais por dia, cheguei à conclusão de que basta ler um. "Ah, bom!", suspirei aliviado.

Sugiro que você, leitor, faça o mesmo exercício: quais as três coisas que você precisa deixar de fazer e quais os três "nãos" que você precisa dar ainda hoje?

Confira o seu "plano de voo"

Convém estar atento a erros frequentes cometidos na hora da *decolagem* e evitar algumas derrapadas:

- *Falta de clareza sobre aonde se quer chegar.* Apesar de sabermos que o principal pré-requisito para o sucesso de qualquer viagem é conhecer o destino de chegada, esse é o erro mais comum quando se começa a lutar por uma nova oportunidade na vida. Às vezes a dificuldade em superar as dores do passado inspira o desejo de mudar, sem saber qual é o "porto de chegada". Construir a Segunda Chance não é apenas se satisfazer com qualquer coisa diferente da situação atual. Implica refletir muito para ter convicção sobre a *situação desejada*. E lutar para chegar lá!

- *Dar um salto maior do que a perna.* Preconceitos, crenças e falhas de caráter podem fazê-lo meter os pés pelas mãos. Megalomania não é uma boa estratégia nos negócios nem na vida pessoal. Avalie se suas escolhas são sensatas. Às vezes, não é possível fazer o avanço de uma só vez. Então considere dois ou três tempos intermediários, pequenas evoluções até chegar à meta final. Muitas vezes é importante saber acelerar para não perder uma oportunidade. Em certas ocasiões, porém, é preferível ir devagar, mas firme, a ambicionar demais, levar um tombo, quebrar a cara e desistir. Eventualmente pode ser preciso até dar um passo para trás antes de dar dois à frente.

- *Despreparo.* Tentar pular com a calça apertada, a saia justa, o rabo preso. É preciso treinar, ensaiar, conhecer nossos pontos fracos para que não venham a criar problemas no momento decisivo de uma entrevista para um emprego ou numa conversa importante com um filho, por exemplo. Ter consciência do lugar aonde se quer chegar é fundamental, mas não suficiente. É necessário preparar-se para a travessia. Não há espaço para a negligência, o desleixo, a falta de empenho. Muito menos para a improvisação e o "amadorismo". Segunda Chance é coisa séria, não devemos brincar com as consequências das nossas decisões.

- *Sentir-se onipotente e onipresente.* Achar que nada vai acontecer de errado, considerar-se supercapacitado. Daí a tendência é ignorar os sinais das dificuldades iminentes ou subestimar as forças das circunstâncias ou dos obstáculos a serem enfrentados. Um pouco de paranoia, como ensina Andrew

Grove, presidente da Intel, no seu livro *Só os paranoicos sobrevivem*, não faz mal na hora da virada.[4] Atenção: apenas um pouco! O excesso de paranoia paralisa, inviabilizando a caminhada.

- *Achar que todos os saltos serão vitoriosos.* Algumas vitórias não afastam a possibilidade de eventuais fracassos. O importante é não desistir e tirar alguma lição do erro.

- *Repetir estratégias que deram certo no passado.* Essa é a maior derrapada que tenho percebido. Muita gente fica mal-acostumada com o sucesso anterior e só consegue fazer as coisas daquela forma. Não muda seu *script* e não sabe reconhecer que as circunstâncias mudaram. Na hora da decolagem, lembre-se do ditado popular: "A mesma água não passa duas vezes sob a mesma ponte."

Última dica para seu kit viagem: gerenciar o sucesso às vezes é mais difícil do que gerenciar o fracasso.

Leitor, decifre essa frase ou poderá ser devorado pelo seu significado!

Box do leitor

Qual é o principal componente que falta no seu kit viagem? Um mentor? Recursos financeiros? Tempo? Aliados?

....

....

....

Entre os erros recorrentes na hora da decolagem, qual o que você comete com maior frequência e que deve evitar no seu "plano de voo"?

....

....

....

....

....

....

Capítulo 6

Faça acontecer: escreva uma nova história em sua vida

"Quem não arrisca não ~~petisca~~ ***conquista.***"

Chegou a hora da verdade!

Recapitulando os movimentos feitos até aqui: você já localizou o momento em que se encontra no seu ciclo de vida; identificou uma oportunidade específica para construir a Segunda Chance; já escolheu um caminho que faz sentido para você; refletiu sobre perdão (se deve dar ou não, aos outros e a si mesmo, uma Segunda Chance); enumerou os "dragões internos" que precisa vencer; preparou o seu kit viagem...

Agora só falta decolar.

Quem pretende criar uma próxima chance na vida não pode ficar acorrentado ao passado. Seus olhos devem se voltar para o futuro.

Mas aqui vai um alerta: *a travessia é tão importante quanto a chegada*. O caminho a ser percorrido não pode ser negligenciado em função da valorização excessiva dos objetivos, do porto de chegada. Afinal, nenhum navio foi construído para ficar ancorado num porto. Além disso, a crença de que os fins justificam os meios tem trazido muita infelicidade. Mesmo quando se consegue chegar ao destino, se o custo emocional é muito alto, reduz-se a glória da conquista.

É preciso planejar o avanço e trabalhar duro a fim de evitar o maior perigo: naufragar durante a travessia.

Como fazer esse movimento, essa transição?

Uma vez definido *aonde* se quer chegar, o próximo passo é estabelecer *como* fazer. De um fôlego só? Ou parando algumas vezes para reabastecer? Dá para conseguir tudo num único salto? Ou é preciso ir aos poucos, em uma evolução gradual?

Ambos os movimentos — o planejamento e o "fazejamento" — têm de ser muito bem-executados. Tanto o porto de chegada quanto a travessia têm de ser bem-calculados. Não adianta um belo plano e realizá-lo mal, nem implementar bem o sonho errado.

Tem gente que sabe aonde quer chegar e planeja bem a travessia. Mas essa forma de pensar e agir é apenas um dos cinco possíveis estilos na arte de gerenciar sua virada.

A combinação dessas duas variáveis — definição do porto de chegada e planejamento da travessia — define o seu estilo pessoal. E esse será o seu diferencial decisivo, o que vai determinar o seu grau de sucesso.

Você é do tipo Fazedor ou Planejador?

Estilo tipo 1: "Tô nem aí". Não tem um objetivo claro nem se preparou para a travessia. Em outras palavras, não conhece o destino, nem o caminho a tomar. Não sonha, nem se prepara. Vive numa "zona de conforto".

Se é jovem, segue os outros; se é aposentado, não tira o pijama; se é executivo, passa o dia de olho no relógio, esperando o fim do expediente; se é dona de casa, fica na total dependência do marido.

Muitas vezes permanece parado, anda devagar ou, pior, caminha para trás.

Quando resolve virar o jogo, a tendência é se dar mal, porque tenta usar de esperteza, aciona truques que nem sempre funcionam, segue a opinião dos outros, escolhe mal o sócio ou investe no negócio errado e assim encontra justificativa para se acomodar ainda mais.

Estilo tipo 2: "Planejador sem foco". Os meios são mais importantes do que o resultado. Valoriza o processo, os rituais. Não tem um objetivo claro.

É eficiente, preparado, mas não comete ousadias. Vai para onde sopra o vento. Espera o tempo passar, a aposentadoria chegar. Operacional e burocrata, repete o que deu certo; às vezes, chega a ser controlador e obsessivo.

Funcionário-padrão, oferece um bom apoio aos sonhos dos outros. Mas não move uma palha para realizar o próprio sonho. Espera que o chefe lhe ofereça a oportunidade, que a sorte bata à sua porta. E como nada disso acontece, sente-se um injustiçado.

Bons exemplos são encontrados no futebol: aqueles jogadores que sempre distribuem a bola para os lados. Não fazem gol. Ficam costurando no meio de campo sem objetividade. Lembra-se de alguém em seu time com essas características? E na sua empresa?

Estilo tipo 3: "Realizador afobado". Conhece o objetivo, mas se atrapalha na travessia: sai atropelando tudo e todos, atirando pra todo lado. Impaciente e ansioso, sonha com várias coisas ao mesmo tempo e não hierarquiza seus planos.

Idealista, porém desorganizado, não planeja nos detalhes. E corre riscos desnecessários que podem comprometer seu sonho.

Escolhe o sócio ou o parceiro errado. Não faz contas com despesas e se endivida. Não forma equipes. Dá um passo maior do que a perna. Marca gols, mas cria um clima inadequado e às vezes é expulso do jogo.

Empreendedores natos geralmente são assim.

Estilo tipo 4: "Realizador moderado". Tem os sonhos mais ou menos definidos e é mais ou menos competente na travessia. Responsável, cauteloso, consistente, caminha devagar e sempre dá passos seguros. É do tipo incremental. Às vezes, por excesso de cautela, almeja pouco e dá saltos dentro do mesmo patamar. Realiza o "voo da galinha". De vez em quando acerta e marca um gol.

Estilo tipo 5: "Realizador pleno". Conhece seu objetivo e é competente na travessia. Tem a cabeça nas nuvens e os pés no chão. Anda para frente, busca um novo patamar, identifica o momento da virada.

Não apenas sabe aonde quer chegar, mas se prepara para alcançar o objetivo, o que aumenta suas possibilidades de acerto.

Elabora um "Plano de Ação com Alma"®, um projeto que vai muito além de números, fluxos financeiros e pesquisas de mercado; expressa com clareza a causa a que se propõe, o significado que pretende ter para os outros, a sua filosofia de atuação, os resultados quantitativos e qualitativos a atingir e o sonho que pretende realizar. Nesse projeto você elege um mentor adequado, escolhe parceiros que o ajudam e define valores para guiar suas ações e decisões.

Eficaz, o realizador pleno faz a coisa certa e faz certo as coisas. Artilheiro e impetuoso, joga rápido e faz gol.

Então, conseguiu identificar o estilo que mais se aproxima do seu?

Um alerta: esses estilos nem sempre são rígidos, delimitados. Alguns deles se misturam e variam de acordo com as circunstâncias.

A grande maioria dos personagens até aqui apresentados adota o Estilo 5, dos realizadores plenos. Mas este livro foi escrito especialmente para as pessoas que apresentam os quatro outros perfis e estão dispostas a mudar sua maneira de pensar e de agir para se transformarem em realizadores plenos.

Mais importante do que identificar um estilo é perceber o que falta para você se aproximar do realizador pleno.

Agora, chega de conversa, é hora de agir, de executar sua estratégia. Hora do "fazejamento", passo seguinte ao planejamento bem-feito.

Chega de planos, hora de agir

O primordial na hora de fazer acontecer é a ousadia de acreditar no seu sonho e transformá-lo em realidade. As pessoas de carne e osso que produziram as viradas aqui narradas não ficaram somente no campo das ideias e intenções. Foram além: criaram circunstâncias e rupturas construtivas. Tornaram-se vencedoras por assumirem as rédeas de suas histórias. Fizeram acontecer. Renasceram!

Sem esse movimento de transgressão não teriam virado uma página em suas vidas. Sua coragem garantiu a elas um lugar ao sol.

O exemplo de Eloi D'Avila de Oliveira, fundador e diretor da Flytour, é inspirador. Típico "realizador afobado", atravessou vicissitudes que o ensinaram a estruturar o seu negócio e ser mais um "realizador pleno". Eloi aprendeu a empreender a duras penas.

Nascido em Esteio, no Rio Grande do Sul, perdeu a mãe no parto do irmão caçula. O pai foi aposentado por invalidez e o deixou na casa da irmã, aos três anos. O marido dela vivia bêbado e batia no menino, que fugiu de casa várias vezes. Numa delas foi parar em São Paulo e ficou morando no Terminal Rodoviário do Tietê, depois na Praça da Sé.

Aos 11 anos, foi recolhido por um senhor, que o levou para trabalhar na sua residência. Arranjou emprego em uma loja de malas, mudou-se para o Rio de Janeiro e foi vender malas em frente ao hotel Copacabana Palace. Lá conheceu um guia turístico da agência Stella Barros que o empregou como office boy. A dona da agência, vovó Stella, permitiu que ele dormisse em um sofá ali mesmo. Ensinou-o a falar um pouco melhor e deu-lhe a oportunidade de ser vendedor. Eloi representou a Linhas Aéreas Paraguaias (LAP), e depois uma cadeia chilena de hotéis, a PanAmericana.

Em 1974, ele conseguiu autorização dos proprietários do hotel São Rafael, em São Paulo, para instalar o seu escritório em uma das salas. Vendia passagens, embarcava os passageiros em voos fretados e oferecia tratamento VIP a jogadores de futebol e artistas. Além da LAP, passou a representar Lan Chile, AeroPeru, Lloyd Aéreo Boliviano, Ibéria, PanAm e todas as companhias aéreas brasileiras, mas focado em um nicho: atender a agências de viagens.

Cinco anos depois, rebatizada de Flytour, a empresa foi autorizada pela Embratur a emitir passagens aéreas. Em 1986, já era a líder de vendas nesse segmento no país. Em 2010, o número de clientes chegou a quase cinco mil agências de viagens, que preferiam fazer aquisições de passagens pela Flytour a diretamente pelas companhias aéreas.

Para chegar lá, Eloi investiu em tecnologia de informação e no treinamento de atendentes e vendedores. E teve de superar percalços. Em 1992, quase foi à falência quando um concorrente adotou práticas questionáveis de descontos e o seu maior credor, o Itaú, decidiu cobrar os 3,5 milhões de dólares de dívidas que a Flytour havia acumulado. Foi preciso vender 14 imóveis no bairro de Moema, na capital paulista, tomar empréstimo e gerir o negócio de modo mais austero para acertar o caixa.

Também sobreviveu à guerra tarifária entre companhias americanas que derrubou o mercado em 2000, à queda no interesse por viagens aéreas após o ataque terrorista de 11 de setembro de 2001 ao World Trade Center, em Nova York, e a sucessivas altas do dólar. "Sempre encarei os períodos de crise como os melhores momentos para investir... e renovar tecnologia, pessoas e estratégias", afirma Eloi.[1]

As turbulências o levaram a perceber a necessidade de ampliar a frente de serviços. Resolveu transformar a Flytour em franqueadora de agências de viagens. Em 2005, ganhou o prêmio de Franqueador do Ano concedido pela Associação Brasileira de Franchising (ABF). "Sem ser financista nem estrategista, já recomecei minha vida mais de dez vezes, graças ao que aprendi lá atrás (nas ruas). Sei que posso recomeçar quantas vezes for preciso", acrescenta Eloi. "As dificuldades proporcionam os maiores aprendizados para o ser humano."

Portanto, mesmo que em alguns momentos seja necessário recuar, isso não impede o avanço. Ao contrário, os desafios impostos pela crise podem se converter em lições valiosas. Às vezes é preciso dar um passo atrás para poder caminhar dois passos à frente.

A história de Rodolfo Lima ilustra esse movimento de idas e vindas na hora de dar o pulo do gato. Cansado de trabalhar como metalúrgico, resolveu realizar o sonho de abrir o próprio negócio em 1989. Pediu demissão, juntou as economias e comprou um bar. "Foi a pior coisa", reconhece ele. "Desenvolvi alcoolismo, acabei com o negócio e com meu casamento."[2] O que poderia ter sido a sua grande virada terminou em decepção.

Certa vez, alcoolizado, torceu o joelho e procurou ajuda na acupuntura. Deu tão certo — curou-se até do vício! — que ele decidiu fazer um curso de terapias orientais (acupuntura, *do-in* e outras técnicas). Gostou tanto que fez empréstimos bancários e deu uma nova chance ao seu lado empreendedor. Abriu o Centro de Estudos do Corpo e Terapias Holísticas, que atende a pacientes (há 2.500 cadastrados) e forma cerca de oitenta alunos por ano. Dessa trajetória, ele tirou uma lição importante: "Antes de fazer grandes mudanças, é preciso conhecer o novo terreno", diz.

Na primeira tentativa, a ansiedade de querer ser dono do próprio nariz o fez passar por cima de precauções básicas. Da segunda vez, preparou-se para o que viria a ser o seu projeto de vida.

Rodolfo decolou, construiu uma nova etapa em sua vida. Mas não vai navegar em "céu de brigadeiro". Pode vir a enfrentar dificuldade: uma decisão judicial em 2012 concedeu aos médicos a exclusividade do exercício da acupuntura. Os Conselhos Federais de Fisioterapia, Enfermagem e Farmácia informaram que pretendem recorrer. Seja como for, o futuro das terapias holísticas está *sub judice*.

Assim, é preciso estar atento a um ponto importante na construção de novas oportunidades: preparar-se para as vicissitudes do novo caminho. E consciente de que não existe caminho fácil. Os problemas não desaparecem ao se conceder uma nova chance na vida.

Precisamos nos livrar de uma grande ilusão: muita gente acha que sucesso e felicidade é deixar de ter problemas. Grande engano!

Problemas de outra natureza surgem. E em alguns casos são mais numerosos e mais delicados.

Uma coisa é ser empregado de uma empresa e comandar uma equipe de cinco funcionários; outra é ser o dono do negócio e responsável pelo ganha-pão de dezenas de famílias.

Assim, é salutar pensar que sucesso (e felicidade!) não é deixar de ter problemas, mas sim sentir-se preparado para lidar com problemas crescentemente complexos.

Finalmente, gostaria de lembrar que os heróis das grandes narrativas atravessam enormes dificuldades até conseguirem dar sua guinada e cumprir sua missão. O momento mais crítico é chamado pelo antropólogo e especialista em mitologia Joseph Campbell de "provação suprema".[3] É quando o protagonista precisa enfrentar a derrota aparente para adquirir a sabedoria que o conduzirá à vitória final. Segundo Campbell, o herói tem de "morrer" para poder renascer. Precisa passar pelo erro para chegar à redenção. Todas as grandes histórias, das tragédias gregas aos filmes de Hollywood (*Guerra nas estrelas* é um exemplo típico), apresentam um momento assim no enredo. Até mesmo animações da Disney e obras para adolescentes, como a saga do bruxo Harry Potter.

Os empreendedores não estão imunes a esses momentos de provação, quando são obrigados a empreender a mudança reativa. O que nem sempre imaginam durante a crise é que dali podem tirar a força necessária para dar a volta por cima.

Se vencemos o passado e renascemos para uma nova vida em alguma dimensão, temos de nos preparar para fazer acontecer, reconstruir nossa história e lutar contra as adversidades do momento seguinte. Talvez, então, uma "Nova Chance" seja necessária no processo de desenvolvimento constante que turbina nossas vidas em direção a patamares cada vez mais diferenciados e que, de preferência, tragam maior dose de felicidade.

Para os realizadores de sonhos, as muitas dificuldades do caminho não são motivo para desistir do seu futuro. Há uma razão para continuar: projetos nada mais são do que sonhos com data marcada.

Se você pretende se tornar um realizador de sonhos pleno, está na hora de fazer acontecer!

Box do leitor

Entre as características citadas até aqui, quais as que você mais precisa desenvolver para fazer acontecer, com maior grau de sucesso, o seu Projeto Segunda Chance?

....

....

....

....

....

Você é um Fazedor ou um Planejador? Qual é seu estilo predominante?

....

....

....

....

Hora de você elaborar o seu "Projeto Segunda Chance" (acesse o hotsite www.suasegundachance.com.br para fazer o download do roteiro).

Capítulo 7

O renascimento nas empresas

*"Em time que está ganhando ~~não~~ **aí é que** se mexe."*

Se você fizer um levantamento das empresas destacadas na lista das Melhores e Maiores Empresas da revista *Exame* ao longo de quase quatro décadas — a primeira relação foi divulgada em 1974 —, vai constatar que vários vencedores do passado já naufragaram ou, no mínimo, saíram do ranking.[1]

Ícones do capitalismo brasileiro tombaram sob o peso das mesmas estratégias que as fizeram ter sucesso. Outras grandes companhias chegaram a um passo do abismo, mas foram salvas na UTI em operações promovidas pelo governo ou por fusões e aquisições. Seus comandantes optaram pelo caminho menos penoso de abandonar o barco e passar o leme para os sócios, inclusive estrangeiros.

Beneficiadas por décadas de protecionismo e o consequente jogo da competição artificial, muitas empresas nacionais não conseguiram se manter de pé quando o mercado se abriu. Talvez essa tenha sido a pior tempestade que se abateu sobre elas. Mas não a única. Foram impactadas, também, por inúmeras mudanças nas regras do jogo econômico, hiperinflação, congelamento de preços e tabelas de controle dos anos 1980, para não falar do confisco do dinheiro e dos choques externos dos anos 1990. Mais recentemente, as empresas têm sido afetadas pela revolução tecnológica, a globalização e pelos absurdos custos fiscais, tributários, trabalhistas, financeiros e logísticos de operar no Brasil.

Não são apenas fatores externos ou os competidores internacionais que têm tirado as empresas do jogo. O maior concorrente muitas vezes se encontra dentro da própria casa: práticas gerenciais obsoletas, falta de rumo claro, estruturas inadequadas, falta de integração entre áreas departamentalizadas, pensamento fragmentado, atitudes idiossincráticas, baixo foco nos clientes, incapacidade de colaborar com parceiros, gestão ultrapassada das pessoas e governança que engessa o funcionamento, afugenta os jovens talentosos e tira a agilidade de resposta e a flexibilidade das decisões.

Mas nem sempre se pode culpar a lentidão pelas falhas das grandes empresas. Em várias delas, os executivos viram as mudanças chegando e responderam rapidamente — ao contrário do que diz o senso comum. O real problema é que as respostas apenas reforçam o que deu certo no passado, repetem velhas fórmulas de sucesso que já não servem mais.

Entre as empresas que souberam resistir bravamente às turbulências e até se revitalizar, destaca-se o Grupo Votorantim, o maior conglomerado industrial privado do país e também um dos mais sólidos e lucrativos. Nessas três décadas em que tantas companhias outrora bem-sucedidas desapareceram ou trocaram de mãos, a Votorantim se manteve firme no alto do pódio e ainda apresentou crescimento. Em alguns anos até superior ao da economia brasileira. Em julho de 2003, recebeu o prêmio de melhor empresa dos trinta anos de Melhores e Maiores. E em 2011, foi premiada em diversas categorias como uma das empresas mais inovadoras no uso de TI; ficou entre as Melhores Empresas para Trabalhar no Brasil; e foi destaque no Anuário Valor 1000, do jornal *Valor Econômico*.

Tudo começou com uma fábrica de tecidos em Sorocaba, interior paulista, aberta pelo imigrante português Antonio Pereira Ignácio, em 1918.[2] Hoje, o Grupo Votorantim forma um colosso empresarial com ativos significativos. Apesar de focar tradicionalmente setores de base — mineração, papel, cimento e química —, volta-se para a renovação. Iniciou um processo de internacionalização das operações (adquiriu fábricas de cimento no Canadá e nos Estados Unidos) e abriu o leque de investimentos para novas áreas promissoras. A caçula das empresas do grupo, comandada por representantes da terceira geração da família, investe em biotecnologia, comércio eletrônico e biodiversidade.

Não deixa de ser surpreendente para um grupo familiar octogenário, que no auge da febre da internet fora considerado uma daquelas corporações jurássicas condenadas a desaparecer por se dedicar à exploração de atividades de baixo valor agregado, típicas da velha economia. Ironicamente, a febre virou uma bolha que explodiu, enquanto a empresa entrou no novo milênio esbanjando saúde.

O sucesso do Grupo Votorantim pode ser atribuído à capacidade de se reinventar; à coragem de criar novos modelos de negócios, investindo, por exemplo, em áreas novas como a de biotecnologia, enquanto ainda lidera o jogo; à percepção de que antigas vantagens, antes inabaláveis, virariam pó diante da nova ordem competitiva. No entanto, o grupo precisa ficar vigilante no futuro para as consequências do seu processo de diversificação. Afinal, a busca da eficiência de custos e da sinergia operacional pode inibir a autonomia e o empreendedorismo, que diferenciam as empresas verdadeiramente campeãs.

A velha receita do sucesso

Foi-se o tempo em que as empresas competiam sustentadas por algumas vantagens comparativas, que eram percebidas como "duradouras":

- Acesso a recursos naturais e domínio de matérias-primas;
- Disponibilidade de capital e reservas financeiras vultosas;
- Mercado protegido artificialmente por leis arbitrárias;
- Acesso privilegiado ao poder político;
- Economia de escala, típica de poucas empresas de grande porte.

Nada disso foi suficiente para que os vencedores de ontem sobrevivessem às incertezas do mundo globalizado, turbinado pela *revolução digital* e pelas exigências do novo perfil da economia de serviços e do conhecimento.

A sociedade de serviços já não se contenta apenas com um produto tangível, capaz de atender suas necessidades. Exige um pacote de conveniências atrelado ao produto. Os serviços (entenda-se o "não produto") agora são mais relevantes que o produto em si. O intangível, o simbólico, ultrapassa o tangível, o bem físico.

Por seu turno, a sociedade do conhecimento impõe novas regras que alteram a forma como as pessoas trabalham numa empresa: não são mais a "mão de obra", como eram chamadas no capitalismo arcaico; são talentos que exigem do empregador, cada vez mais, a condição de parceiros no negócio. Vivem o "talentismo",[3] uma fase mais avançada do capitalismo.

No cenário que se descortina, as empresas de sucesso serão aquelas que evoluírem da posição tradicional de sustentar algumas vantagens "duradouras" para o movimento constante de criar vantagens temporárias. Afinal, nesse ambiente, toda e qualquer vantagem competitiva é volátil. Daí a necessidade de reinventá-las, não apenas em épocas de crise, mas de forma contínua.

Aliás, o ambiente de alta volatilidade da economia não comporta mais a analogia com as estratégias de guerra, que foi útil na competição da era industrial. A nova gincana empresarial se assemelha mais às táticas de guerrilha: criar vantagens competitivas temporárias, destruí-las, mover-se para outras vantagens e assim sucessivamente.

A necessidade de mudar se faz notar no cotidiano de instituições privadas, públicas, não governamentais. Um sinal evidente desse descompasso é a insatisfação reinante: por parte dos clientes com a baixa qualidade do atendimento; dos empregados, que não conseguem desenvolver seu potencial nas empresas, nem se interessam pelos tradicionais planos de carreira; das lideranças, devido a estratégias bem-arquitetadas que não funcionam ao serem implementadas; dos parceiros e sócios desconfiados na hora de negociar; dos acionistas apreensivos pelos riscos que não conseguem prever, nem controlar; das comunidades, pelo impacto das empresas no meio ambiente e no seu dia a dia.

Sepultar ideias mortas que condicionam ações e comportamentos obsoletos e conduzem a decisões equivocadas é um primeiro passo para trilhar o caminho para a Segunda Chance nas empresas. A crença de que "clientes compram produtos e serviços" é uma delas. Clientes estão mais exigentes e conscientes sobre preços, prazos e qualidade e só se tornam fiéis quando têm seus sonhos realizados. Portanto, eles compram a realização de sonhos, o benefício do uso do produto ou serviço e não apenas o produto em si. Mudar essa forma de pensar significa criar a Segunda Chance com clientes insatisfeitos.

Não se disputa mais apenas fatia de mercado e preferência de clientes. A trincheira avançada será na esfera das *competências críticas*, aqueles "pulos do gato" que separam as empresas vencedoras das perdedoras na hora da verdade.

Produto de boa qualidade e preços atraentes não constituem mais esse diferencial. Tudo isso passou a ser mera obrigação. Os produtos, por mais que sejam inovadores, estão sujeitos a cópias, com raras exceções. A competência diferenciadora agora é algo intangível. A imagem que o produto conquistou. A cultura da empresa. A paixão das pessoas e dos clientes. O respeito da sociedade. A reputação junto a fornecedores críticos. E, justamente por se tratar de algo difícil de imitar, tem valor estratégico para a empresa.

As empresas que planejam vencer precisam investir nas suas competências críticas. Avaliar atentamente quais são as suas características positivas e seus pontos fracos, do que têm que eliminar, o que é necessário consolidar, o que precisam adquirir. E a partir desse inventário, traçar suas estratégias diferenciadoras.

Os "pulos do gato" das NeoEmpresas vencedoras

Uma das qualidades mais importantes da NeoEmpresa é valorizar o sonho como a primeira etapa do Planejamento Estratégico.

O processo de planejamento não consiste apenas em um ritual lógico e racional para registrar decisões e metas. Também leva em conta as aspirações e ambições sadias de empreendedores, clientes, parceiros e colaboradores.[4]

As demais características que diferenciam a NeoEmpresa das empresas tradicionais do passado são as seguintes:

- *Valoriza o intangível* e não apenas o tangível. Além de fazer a gestão eficiente de capital, equipamentos, estoques, tecnologia e instalações, estimula uma cultura diferenciada e um clima de confiança e inovação;
- *Cultiva a paixão.* Constrói em todos os níveis e em todos os componentes do seu negócio um clima de "apaixonamento". Não se limita às ações pontuais motivadoras e muito menos às iniciativas cosméticas, manipuladoras das emoções das pessoas;
- *Integra, de forma sistêmica,* o modelo de negócios, o modelo de gestão e o modelo organizacional e assim evita a fragmentação, a "colcha de retalhos" típica das empresas tradicionais;
- *Atrai e desenvolve líderes inspiradores*, "construtores de pontes", que investem na formação de outros líderes e se distanciam dos chefes "construtores de paredes", individualistas, sectários, dispostos a formar apenas seguidores;
- *Luta pelo progresso dos seus clientes,* em vez de apenas buscar o próprio crescimento. Coloca o cliente no centro

do seu organograma, mas não se limita a atender a seus desejos. Educa o cliente para o que de fato necessita;

- *Customiza a gestão das pessoas,* em vez de apenas "gerenciar cargos". Respeita individualidades e oferece inspiração para suas vidas. Não se contenta apenas em ter "colaboradores satisfeitos";

- *Constrói Arquipélagos de Excelência* em vez de Ilhas de Competência. Busca alto grau de integração tanto nas suas equipes internas quanto na arquitetura de poderosos núcleos/grupos de parceiros;

- *Reinventa-se continuamente,* incentivando o clima de inovação e incorporando clientes e parceiros na busca de soluções. Não se contenta com criatividade espasmódica e "caixinhas de sugestões";

- *Incorpora a sustentabilidade* ao seu Modelo de Negócios e identifica para cada um de seus públicos o fator crítico a ser priorizado;

- *Coloca a tecnologia a serviço do ser humano* e não vice-versa, estimulando, assim, o *"high touch" sempre que precisar da "high tech"*;

- *Estrutura-se de forma horizontal, direta, flexível, focada em Centros de Resultados e em Negócios,* em vez de se basear no velho formato de estrutura funcional organizada por centros de custos. Esse modelo de governança sadio agiliza o processo decisório e atrai os talentos inquietos das novas gerações;

- *Constrói um Mapa de Geração de Valor* decorrente do significado percebido pelas entidades que fazem parte do seu modelo de negócios. Por isso seus resultados surpreendentes transcendem o valor econômico.

Desse modo, os líderes da NeoEmpresa constroem o futuro enquanto garantem o presente, buscando, no curto prazo, a excelência do longo prazo. Não visam ao crescimento desenfreado, mas ao desenvolvimento que torne sua empresa longeva e autossustentável, como pudemos perceber analisando os diversos exemplos de empresas que promoveram viradas bem-sucedidas.

Os "pulos do sapo" das empresas que erram feio

Algumas características das empresas atuais precisam ser superadas, pois não promovem mudanças construtivas. Ao contrário, favorecem os chamados "pulos do sapo", que não levam a lugar algum:

- *Falta de propósito comum,* por isso as diversas áreas e pessoas remam o barco para destinos diferentes.
- *Desintegração entre pessoas e áreas,* provocando um tremendo custo invisível que se monetizado representaria uma significativa parcela do custo total.
- *Estruturas funcionais, verticais, centralizadoras,* que inibem o empreendedorismo.
- *Sistemas e processos incompatíveis com a natureza do negócio.*

- *Governança engessada,* que afasta os melhores talentos criativos.
- *Gestão de cargos, em vez de gestão de pessoas.* Não respeita sonhos nem as peculiaridades dos indivíduos.
- *Gestão de clientes inadequada,* privilegiando ainda o produto e as normas internas em detrimento dos clientes.
- *Incapacidade de conviver e compartilhar decisões com parceiros.* Restringe a competitividade.
- *Escassez de líderes eficazes em todos os níveis,* limitando as possibilidades de expansão, de mudança, de maior autossustentabilidade.
- *Atitudes que bloqueiam o seu potencial:* comodismo, paternalismo, arrogância, negativismo, centralização das decisões, clima de desconfiança, entre outros.
- *Falta de cultura de inovação.* Ao fazer o mesmo de sempre, as empresas cometem uma espécie de "esquizofrenia organizacional": embora desejem obter resultados diferentes, continuam a fazer as coisas da mesma forma.
- *Burocratização,* um empecilho para a cultura de empresariamento.

Um exemplo de "pulo do sapo" na tentativa de renovação de uma empresa foi dado pela rede americana de *fast food* McDonald's. Sua maior competência reside na localização geográfica (seus executivos são craques em achar endereços tão estratégicos que a lanchonete vira ponto de referência) e na extraordinária padronização (você pode comer um Big Mac em qualquer parte do mundo).

A rede foi criada por um caixeiro-viajante, o americano Ray Kroc, que já havia vendido copos de papel, imóveis na Flórida e, durante 17 anos, viajou pelos Estados Unidos vendendo um misturador de drinques de cinco hastes, o multimixer. Cada vez que chegava a um restaurante num lugar novo, demorava para ter seu pedido atendido. E como as comidas variavam muito, com frequência seu organismo "protestava". Então começou a idealizar um restaurante que oferecesse atendimento rápido e os mesmos pratos em lugares diferentes, de modo que o consumidor pudesse fazer o pedido por conhecer antecipadamente o gosto de cada um.

Em 1954, recebeu um pedido de oito daqueles misturadores gigantes feito pelos irmãos Mac e Dick McDonald, proprietários de pequenas lojas de hambúrgueres e shakes na cidade de San Bernardino, Califórnia. Ao visitá-los, ficou impressionado com o conceito de negócios que viu: um cardápio restrito de comida barata, que funcionava como uma rápida linha de montagem.

Kroc percebeu ali o potencial para a sua próxima chance. Negociou direitos de utilização daquele modelo com os irmãos McDonald, abriu sua primeira lanchonete em 1955; seis anos depois tinha 130 lojas. Assim nasceu um dos ícones do modo de vida americano. Localização geográfica, padronização de produto e marca disseminada globalmente são suas competências críticas.

Com essas credenciais, a empresa resolveu fazer uma virada: diversificar sua linha de produtos e oferecer o café da manhã, até para aproveitar a ociosidade das suas lojas no período matutino — seus produtos costumam ser vendidos a partir das 11 da manhã.

Bolou, então, o McCafé, que foi um fracasso retumbante. Não conseguiu competir com as padarias nas metrópoles brasileiras. Perdeu o foco, dinheiro e ainda confundiu seus clientes, que não conseguem associar o Big Mac a café. Os mais irados chegaram a se manifestar em blogs dizendo até que o pão na chapa vendido em qualquer boteco é melhor do que os sanduíches gordurosos servidos no desjejum da lanchonete.[5]

Erro semelhante cometeu a Samsonite, quando tentou vender sapatos e sandálias depois de finalmente ter convencido o mercado de ser indiscutivelmente a melhor na sua especialização: malas e equipamentos de viagem. Não deu certo. Um analista perguntou com ironia: "Você andaria com uma mala nos pés?"[6]

Para reduzir o perigo de dar um "pulo do sapo", as empresas precisam avançar e ousar, mas sem perder o foco da sua essência.

O novo tempo exige novos rumos, outro paradigma. Assim, essa mudança de época pode constituir uma imensa oportunidade, se soubermos aproveitá-la. Cada um de nós pode ser coautor de um novo capítulo da trajetória da sua empresa, desde que tenhamos a coragem de inventar o futuro, preservando o foco.

Box do leitor

Liste três atributos da NeoEmpresa que a empresa na qual você trabalha já possui.

1. ....

....

2. ....

....

3. ....

....

Liste três atributos que a empresa na qual você trabalha precisa desenvolver.

1. ....

....

2. ....

....

3. ....

....

Liste três exemplos de empresas que deram "pulos do sapo".

1. ....
2. ....
3. ....

Capítulo 8

Comece tudo outra vez...

"Com quantos
~~paus~~ ***sonhos***
se faz uma
canoa?"

A bela música de Ivan Lins e Vitor Martins, "Começar de novo", certamente inspirou este capítulo. Ela aborda a coragem de virar a mesa e sobreviver. Sem fantasmas, sem escoras, sem esporas, contando apenas com a força interior.

Ela serve de metáfora para a espiral da vida. As pessoas, assim como as empresas, evoluem numa espiral crescente. Algumas vitórias não afastam a possibilidade de eventuais fracassos. É ilusão esperar que todos os saltos sejam vitoriosos. Nem sempre as coisas saem como o previsto ou o desejado.

Quando algo não dá certo, o importante é aprender com os erros próprios e de terceiros e usá-los como estímulo para a próxima tentativa. A partir deles, buscar as novas oportunidades, começar a preparar a nova etapa de sua vida.

Assim, a arte de viver está ligada à capacidade de recomeçar diversas vezes. Reinventar-se sempre. Viver não apenas uma, duas ou três vidas. Mas quantas desejar e estiver disposto, lutando pelo seu sonho.

Faz parte dessa arte a habilidade de aproveitar a nova jornada.

Carpe diem! Aproveite o dia. Viva cada segundo da sua vida.

Por isso, celebre cada uma de suas "pequenas" e "grandes" vitórias. Festeje cada passo, cada avanço ao longo do seu Projeto Segunda Chance.

Viva cada ato, não importa se forem sete, como sugeriu o grande dramaturgo Shakespeare, ou mais.

Viva seu novo tempo intensamente, momento a momento.

Cada gota de suor vale a pena ser homenageada.

Leitor, você merece uma Segunda Chance!

Leitor, prepare seu "Projeto Segunda Chance"!

Caro leitor, agora a bola está com você.

O seu futuro ainda não foi escrito. O de ninguém foi. O seu futuro será o que você fizer dele.

Receba as páginas em branco a seguir como um presente para você delinear os contornos do seu Projeto Segunda Chance.

O checklist abaixo poderá ajudá-lo a realizar essa tarefa:

1. Quais as oportunidades que você percebe para construir a Segunda Chance? Precisa fazer uma mudança reativa para superar uma dificuldade? Ou pretende iniciar a mudança proativa?

2. Que dimensão da vida você pretende priorizar na construção da sua Segunda Chance?

a) Vida profissional

b) Amor e família

c) Qualidade de vida e saúde

d) Superação de acidentes e incidentes marcantes

e) Realização financeira

f) Vida social e cidadania

g) Escolhas éticas

h) Vida espiritual

3. Convém dar a Segunda Chance a alguém que o prejudicou?

4. Vale a pena dar a Segunda Chance a quem você prejudicou?

5. De quais "dragões internos" você precisa se libertar?

6. Pronto para decolar?
· Preparou seu kit viagem?
· Elegeu um forte aliado?
· Criou uma rede de proteção?
· Garantiu recursos: tempo e dinheiro?
· Precisa de orientação de algum especialista?
· Conferiu o seu "plano de voo"?

7. Faça acontecer
· Você é do tipo Fazedor ou Planejador?
· Preparado para vender seu peixe?

Escreva uma nova história em sua vida!

VOCÊ MERECE UMA SEGUNDA CHANCE!
Acesse o www.suasegundachance.com.br e faça o download do "Projeto Segunda Chance"!
Envie o seu "Projeto Segunda Chance" para cesarsouza@empreenda.net

Sobre o autor

Presidente da Empreenda Consultoria, César Souza tornou-se um dos maiores experts brasileiros em estratégia empresarial, gestão e liderança. Desenvolve projetos diferenciados de estratégia e coordena programas de desenvolvimento de líderes. César também é conselheiro pessoal de vários empresários e executivos no Brasil e no exterior.

Palestrante muito requisitado, tem realizado workshops e palestras nos Estados Unidos, Japão, Portugal, Espanha, Angola, Argentina, Peru e Venezuela. Ocupou posições de liderança no Brasil e no exterior, inclusive como vice-presidente executivo da Odebrecht of América Inc. nos Estados Unidos, onde implementou uma visão de negócios que muito contribuiu para a internacionalização da empresa. Foi sócio da filial brasileira do Monitor Group, empresa de consultoria fundada por Michael Porter.

Autor de best-sellers que já venderam mais de trezentos mil livros, uma de suas obras mais conhecidas, *Você é do tamanho dos seus sonhos*, foi atualizada e publicada pelo selo Agir, do grupo Ediouro. Recentemente lançou as bases para uma visão diferenciada do futuro com o livro *A NeoEmpresa: o futuro da sua carreira e dos negócios no mundo em reconfiguração*.

César é protagonista da primeira série sobre liderança da televisão brasileira — *Líderes em ação* —, promovida pela HSM. Considerado um dos pensadores mais influentes do Brasil na transformação estratégica de carreiras e de empresas, o autor foi apontado pela revista *Você RH* como um dos oito entre os maiores gurus do mundo em gestão de pessoas e liderança.

Fontes de consulta

Introdução

1 Entrevista à revista *Serafina*, dez. 2008.

2 Martins, Ivan; Aranha, Ana. “O triunfo do talento”. In: *Época*, n. 553, 22 dez. 2008.

3 *Veja*, 17 dez. 2008.

4 Garcia, Sílvia. “A poção mágica do sucesso das havaianas”. In: *EstudeComex*. São Paulo: Aduaneiras, 2004.

5 Disponível em <http://www.alpargatas.com.br>. Acessado em 30 jun. 2012.

6 Souza, César. *O momento da sua virada*. Edição esgotada. São Paulo: Gente, 2004.

Capítulo 1

1 Sheehy, Gail. *Passagens: crises previsíveis da vida adulta*. 2. ed. Rio de Janeiro: Francisco Alves, 1979.

2 ________. *Novas passagens*. Rio de Janeiro: Rocco, 1997.

3 Debert, Guita Grin. “A dissolução da vida adulta e a juventude como valor”. In: *Horizonte Antropológico, 2010,* vol. 16, n. 34, pp. 49-70. Disponível em <http://www.scielo.br/scielo.php?pid=S0104-71832010000200003&script=sci_arttext>. Acessado em 10 jun. 2012.

4 Machado, Álvaro. “Paradoxo do consumo”. In: *Folha de S.Paulo*, 20 set. 1998, caderno Mais!, p. 5.

5 Olivette, Cris. “Mulher mostra seu estilo de empreender”. In: *O Estado de S. Paulo*, 4 mar. 2012, caderno Oportunidades, p. 3.

[6] Vianna, Marco Aurélio F. "A essência da administração: tendências para a década 00 (I)". In: *Conjuntura Econômica*, jan. de 2004. Disponível em <http://marcoaurelioferreiravianna.com.br/conteudo17.asp?secao=C&acao=mostrar&id=139>. Acessado em 10 jun. 2012.

[7] Friedman, Thomas L. *O mundo é plano: uma breve história do século XXI*. 2. ed. Rio de Janeiro: Objetiva, 2006.

[8] Magee, David. *Turbinado: a história de Carlos Ghosn, o brasileiro que salvou a Nissan*. Rio de Janeiro: Record, 2003.

[9] Ibid.

[10] Rabello, Carina; Alves Filho, Francisco. "Eles deram a virada". In: *Istoé*, n. 2.092, 11 dez. 2009.

[11] Programa *Domingão do Faustão*. Rede Globo, 1° abr. 2012.

Capítulo 2

[1] Entrevista ao jornalista Jefferson Benício na revista *TAM nas nuvens*, mai. 2004.

[2] Entrevista ao jornalista Luiz Zanin Oricchio. "A importância de se viver à flor da pele". In: *O Estado de S. Paulo*, 20 abr. 2012, caderno 2.

[3] Messias, Carlos. "Pé na tábua". In: revista de bordo da Gol, mai. 2012, pp. 80-8.

[4] Rodrigues, Márcia. "Empresas frustram funcionários com ofurô corporativo". In: *O Estado de S. Paulo*, 13 nov. 2011, caderno Empregos, p. 3.

[5] Mari, Juliana de. "A opção de sair", p. 7, e Marino, Caroline; Rossi, Lucas. "Adeus trabalho chato", pp. 33-45. In: *Você S/A*, jun. 2012.

[6] Betti, Renata. "Um novo tipo de empresário". *Veja*, 10 jun. 2009, p. 136.

[7] Ibid.

[8] Disponível em <http://www.pt.wikipedia.org/wiki/osklen>. Acessado em 30 abr. 2012.

[9] Albuquerque, Lina de. *Recomeços*. São Paulo: Saraiva/Versar, 2009, p. 129.

[10] Lazzeri, Thais. "Fui pai depois dos setenta anos". *Época*, 28 mai. 2012, p. 93.

[11] Neto, Lira. *Maysa: só numa multidão de amores*. São Paulo: Globo, 2007.

[12] Cotes, Estela. "Olhar Lapidado". In: *TAM nas nuvens*, ago. 2011, pp.72-85.

[13] Ibid.

[14] Pesquisa HSM/Empreenda "Sonhos e pesadelos dos líderes empresariais brasileiros", 2011.

[15] "Equilíbrio, metas e segurança: Assim se formam os executivos de sucesso". In: *Época Negócios*, 20 jan. 2009.

[16] Ibid.

[17] Ibid.

[18] Disponível em <http://abiliodiniz.uol.com.br>. Acessado em 30 abr. 2012.

[19] Visite o site da apresentadora: anamariabraga.globo.com.

[20] Amado, Roberto. "A ressurreição de Fabio Assunção". In: *Alfa*, mar. 2011, p. 42.

[21] Disponível em <http://www.paralamasforever.com/acidente_herbert.htm>. Acessado em: 11 jul. 2012.

[22] Grael, Lars. *A saga de um campeão*. São Paulo: Gente, 2001, p. 21.

[23] Maia, Maria Carolina. "A tetraplégica que treina Alinne Moraes". In: *Veja.com*, 4 nov. 2009. Disponível em <http://veja.abril.com.br/noticia/celebridades/tetraplegica-treina-alinne-moraes>. Acessado em: 11 jul. 2012.

[24] "Cabañas voltará a jogar dois anos após o tiro". In: *Folha.com*, 20 jan. 2012. Disponível em <http://www1.folha.uol.com.br/esporte/1037276-cabanas-voltara-a-jogar-dois-anos-apos-tiro.shtml>. Acessado em 11 jul. 2012.

[25] Disponível em <http://www.abrhsp.org.br/index.php/premios/9-jornalabrhsp/124-reescrevendo-a-propria-historia>. Acessado em 11 jul. 2012.

[26] Disponível em <http://g1.globo.com/sao-paulo/noticia/2012/05/mulher-que-so-mexe-os-olhos-e-o-queixo-defende-doutorado-na-usp.html>. Acessado em: 11 jul. 2012.

[27] Tarrío, Carolina. "Cérebro Eletrônico". In: *Alfa*, mai. 2012, pp. 112-8

[28] Albuquerque, Lina de. *Recomeços*. São Paulo: Saraiva/Versar, 2009, p. 9.

[29] Goulart, Gustavo. "Cissa Guimarães volta aos palcos duas semanas após a morte do filho". In: *O Globo*, 6 ago. 2010. Disponível em <http://oglobo.globo.com/rio/cissa-guimaraes-volta-aos-palcos-duas-semanas-apos-morte-do-filho-em-espetaculo-marcado-por-2969465#ixzz1qR5Fg4U7> Acessado em 11 jun. 2012.

[30] Passi, Clara. "Essa dor é minha. Tenho que superar". In: *Quem Acontece*, 22 dez. 2011. Disponível em <http://revistaquem.globo.com/Revista/Quem/0,,EMI285901-9531,00-CARLINHOS+DE+JESUS+ESSA+DOR+E+MINHA+TENHO+QUE+SUPERAR.html>. Acessado em 11 jul. 2012.

[31] Albuquerque, Lina. *Recomeços*. São Paulo: Saraiva/Versar, 2009.

[32] Comentários atribuídos a populares e cidadãos portugueses que se diziam conhecedores da história do terremoto, mas não com-

provados no documento oficial *1755 — Providências do marquês de Pombal que se deram no terramoto que padeceu a corte de Lisboa no ano de 1755*. Lisboa: Fundação Luso-Americana/FLAD e Público, 2005.

[33] Steinberg, Herbert. *Um executivo no Caminho*. 2. ed. São Paulo: Gente, 2001, p. 21.

[34] Ibid., p. 68.

[35] Ibid. p. 103.

[36] Idem, p.104.

[37] Magalhães, Ana. "Busca pessoal em sabático impulsiona a carreira". In: *Folha de S.Paulo*, 23 abr. 2012. Caderno Carreiras e Emprego.

[38] Rossi, Lucas. "Sabático antecipado". In: *Você S/A*, jun. 2012, pp. 42-5.

[39] Barbosa, Daniela. "Sony vai demitir 10.000 nos próximos dois anos". In: *Exame.com*, 9 abr. 2012. Disponível em <http://exame.abril.com.br/negocios/gestao/noticias/sony-vai-demitir-10-000-nos-proximos-dois-anos>. Acessado em 11 de jun. 2012.

[40] Nóbrega, Clemente. "Caso Kodak/Fuji" [vídeo]. Disponível em <www.clementenobrega.com.br>. Acessado em 25 mar. 2012.

[41] Luz, Cátia; Landim, Raquel. "O enredo da crise da Vulcabras". In: *O Estado de São Paulo*, 4 de jun. 2012, caderno Negócios, p. 3.

Capítulo 3

[1] Nalio, Alessandra. "No tom de Chico César". In: *IstoÉ Gente*. Disponível em <http://www.terra.com.br/istoegente/50/reportagem/rep_chicocesar.htm> Acessado em 11 jun. 2011.

[2] Cesar, Chico. "Quando tudo era ausência". In: Albuquerque, Lina de. *Recomeços*. São Paulo: Saraiva/Versar, pp. 69-74.

[3] Passi, Clara. "Essa dor é minha. Tenho que superar". In: *Quem Acontece*, 22 dez. 2011. Disponível em <http://revistaquem.globo.com/Revista/Quem/0,,EMI285901-9531,00-CARLINHOS+DE+JESUS+ESSA+DOR+E+MINHA+TENHO+QUE+SUPERAR.html>. Acessado em 11 jul. 2012.

[4] Fernandes, Nelito. "Quando ela era criança". In: *Época*, 28 mai. 2012, seção "Personagem da Semana", pp. 21-3.

[5] Relato em painel "Maestria na virada", promovido durante as sessões simultâneas do Congresso Nacional de Recursos Humanos (CONARH). São Paulo, ago. 2003.

[6] Canônico, Marco Aurélio. "Tal pai, tal filho". In: *Folha de S.Paulo*, 1º abr. 2012, p. E1.

[7] Ibid.

[8] Mais detalhes sobre o caso do naufrágio do navio *Costa Concordia* e da fuga de Francesco *Schettino disponíveis em* <http://veja.abril.com.br/noticia/internacional/volte-a-bordo-disse-guarda-costeira-a-capitao-de-navio>. *Acessado em 30 abr. 2012.*

[9] Shultz, Kathryn. *Por que erramos: o lado positivo do erro*. São Paulo: Larousse, 2011, pp. 16, 17, 29 e 31.

[10] Luft, Lya. "Erratas na vida". In: *Veja*, 29 fev. 2012, p. 22. Grifo do autor.

[11] Silva, Ana Beatriz B. *Mentes perigosas: o psicopata mora ao lado*. São Paulo: Fontanar, 2008.

Capítulo 4

[1] Rosner, Stanley; Hermes, Patricia. *O ciclo da autossabotagem*. Rio de Janeiro: BestSeller, 2009, p. 24.

[2] Wong, Robert. *O sucesso está no equilíbrio*. Rio de Janeiro: Campus, 2007.

[3] Rosner, Stanley; Hermes, Patricia. *O ciclo da autossabotagem*. Rio de Janeiro: BestSeller, 2009.

[4] Mussak, Eugenio. "A culpa". In: revista *Vida Simples*, jul. 2012, ed. 120, pp. 15-7.

[5] Mussak, Eugenio. *Metacompetência*. São Paulo: Gente, 2003.

Capítulo 5

[1] Oliveira Neto, Vasco Carvalho. "Um expert em planejamento". In: Melo, Pedro; Vidigal, Marina. *Start up Brasil*. Rio de Janeiro: Agir, 2011.

[2] Gladwell, Malcolm. *Fora de série — Outliers*. Rio de Janeiro: Sextante, 2008.

[3] Schmidt, Oscar. *Conquistando o sucesso: a trajetória de Oscar Schmidt no basquete e na vida*. São Paulo: BestSeller, 1996.

[4] Grove, Andrew. *Só os paranoicos sobrevivem*. São Paulo: Futura, 1997.

Capítulo 6

[1] Oliveira, Eloi D'Avila. "O sobrevivente que aprendeu a empreender". In: Melo, Pedro; Vidigal, Marina. *Start up Brasil*. Rio de Janeiro: Agir, 2011.

[2] Rabello, Carina; Alves Filho, Francisco. "Eles deram a virada". In: *IstoÉ*, n. 2.092, 11 dez. 2009.

[3] Campbell, Joseph. *O herói de mil faces*. São Paulo: Pensamento, 2004.

Capítulo 7

[1] "Melhores e maiores empresas". In: *Exame*. Anuário. São Paulo: abr. 2011.

[2] Rago, Maria Aparecida de Paula. *José Ermírio de Moraes: a trajetória de um empresário nacional*. São Paulo: Paz e Terra, 2008.

[3] Conversas de Luiz Augusto Costa Leite com o autor.

[4] Para informações mais aprofundadas sobre a NeoEmpresa, consulte o livro: Souza, César. *A NeoEmpresa: o futuro da sua carreira e dos negócios no mundo em reconfiguração*. São Paulo: Integrare Business, 2012.

[5] Souza, Francisco Alberto Madia de. “Você tomaria café da manhã no Mcdonalds?”. In: *Marketing Trends 2009*. São Paulo: MBooks, 2009, pp. 29, 32 e 42.

[6] Ibid., p. 43.

Bibliografia geral

ALBUQUERQUE, Lina de. *Recomeços*. São Paulo: Saraiva/Versar, 2009.

BAUER, Ruben. *Gestão da mudança: caos e complexidade nas organizações*. São Paulo: Atlas, 1999.

DRUCKER, Peter F. *A organização do futuro: como preparar hoje as empresas de amanhã*. São Paulo: Futura, 1997.

________. "The Coming of the New Organization". In: *Harvard Business Review*. Boston: Harvard Business School Press, jan./fev. 1998.

DRUCKER, Peter F.; MACIARIELLO, Joseph A. *O gerente eficaz em ação*. Rio de Janeiro: LTC, 2007.

HAMEL, Gary; PRAHALAD, C.K. *Competindo pelo futuro*. Rio de Janeiro: Campus, 1996.

KANTER, Rosabeth Moss. *SuperCorp: How Vanguard Companies Create Innovation, Profits, Growth and Social Good*. Nova York: Crown Business, 2009.

KOTLER, Philip; KELLER, Kevin. *Marketing Management*. 14. ed. (e--book). Harlow: Pearson Education, 2012.

KOUZES, James M.; POSNER, Barry. Z. *O desafio da liderança*. 3. ed. Rio de Janeiro: Elsevier, 2003.

MELO, Pedro; VIDIGAL, Marina. *Start Up Brasil*. Rio de Janeiro: Agir, 2011.

MINTZBERG, Henry; LAMPEL, Joseph; QUINN, James Brian; GHOSHAL, Sumantra. *O processo da estratégia: conceitos, contextos e casos selecionados*. 4. ed. Porto Alegre: Bookman, 2006.

PORTER, Michael E. *Estratégia competitiva*. Rio de Janeiro: Campus, 2005.

PRAHALAD, C.K.; RAMASWANY, Ventak. *O futuro da competição*. Rio de Janeiro: Elsevier, 2004.

SENGE, Peter M. *The Fifth Discipline: The Art & Practice of the Learning Organization*. Nova York: Doubleday, 1990.

SENGE, Peter M.; SMITH, Brian; KRUSCHWITZ, Nina. "The Next Industrial Imperative". In: *Strategy+Business*. Issue 51, Summer 2008.

SOUZA, César. *A NeoEmpresa: o futuro da sua carreira e dos negócios no mundo em reconfiguração*. São Paulo: Integrare Business, 2012.

________. *Você é do tamanho dos seus sonhos*. Rio de Janeiro: Agir, 2009.

________. *Você é o líder da sua vida?* Rio de Janeiro: Sextante, 2007.

________. *O momento da sua virada*. São Paulo: Gente, 2004.

________. *Superdicas para conquistar clientes e para um atendimento cinco estrelas*. São Paulo: Saraiva, 2009.

________. *Talentos & clientividade*. Rio de Janeiro: QualityMark, 2000.

TUCHMAN, Barbara W. *A marcha da insensatez: de Troia ao Vietnã*. Rio de Janeiro: BestBolso, 2012.

WOOD JR., Thomaz (coord.). *Mudança organizacional*. 4. ed. São Paulo: Atlas, 2004.